E. F. Engelhardt
Schnelleinstieg
Raspberry Pi 3

W0192618

E. F. Engelhardt

SCHNELLEINSTIEG
RASPBERRY PI3

FRANZIS

Bibliografische Information der Deutschen Bibliothek

Die Deutsche Bibliothek verzeichnet diese Publikation in der Deutschen Nationalbibliografie; detaillierte Daten sind im Internet über http://dnb.ddb.de abrufbar.

Alle Angaben in diesem Buch wurden vom Autor mit größter Sorgfalt erarbeitet bzw. zusammengestellt und unter Einschaltung wirksamer Kontrollmaßnahmen reproduziert. Trotzdem sind Fehler nicht ganz auszuschließen. Der Verlag und der Autor sehen sich deshalb gezwungen, darauf hinzuweisen, dass sie weder eine Garantie noch die juristische Verantwortung oder irgendeine Haftung für Folgen, die auf fehlerhafte Angaben zurückgehen, übernehmen können. Für die Mitteilung etwaiger Fehler sind Verlag und Autor jederzeit dankbar. Internetadressen oder Versionsnummern stellen den bei Redaktionsschluss verfügbaren Informationsstand dar. Verlag und Autor übernehmen keinerlei Verantwortung oder Haftung für Veränderungen, die sich aus nicht von ihnen zu vertretenden Umständen ergeben. Evtl. beigefügte oder zum Download angebotene Dateien und Informationen dienen ausschließlich der nicht gewerblichen Nutzung. Eine gewerbliche Nutzung ist nur mit Zustimmung des Lizenzinhabers möglich.

Programmleitung: Dr. Markus Stäuble
Satz und Layout: DTP-Satz A. Kugge, München
art & design: www.ideehoch2.de
Druck: Kessler Druck + Medien GmbH & Co. KG, Bobingen
Printed in Germany

4., komplett überarbeitete Auflage 2016

ISBN 978-3-645-60486-4

VORWORT

Wir wünschen Ihnen viel Spaß mit dem Buch!

Autor und Verlag

Sie haben Anregungen, Fragen, Lob oder Kritik zu diesem Buch? Sie erreichen den Autor per E-Mail unter *ef.engelhardt@gmx.de*.

ZUSATZINFORMATIONEN ZUM PRODUKT

Zu diesem Produkt, wie zu vielen anderen Produkten des Franzis Verlags, finden Sie unter www.buch.cd Zusatzmaterial zum Download. Tragen Sie für dieses Produkt im Eingabefeld den Code 60486-4 ein.

INHALTSVERZEICHNIS

1 RASPBERRY 1, 2, 3 ODER ZERO?

Die Entwicklung schreitet nicht nur in der IT generell, sondern auch beim Raspberry-Pi-Projekt fort. Alle paar Monate gibt es sowohl auf der Software- als auch auf der Hardwareseite eine Weiterentwicklung zu vermelden: Während die erste Fassung, Raspberry Pi 1 Modell A, mit nur einem USB-Port und ohne Netzwerkanschluss ausgeliefert wurde, war sein Nachfolger Modell B bereits mit zwei USB-Ports und einer RJ45-10/100-MBit-Netzwerkschnittstelle ausgerüstet.

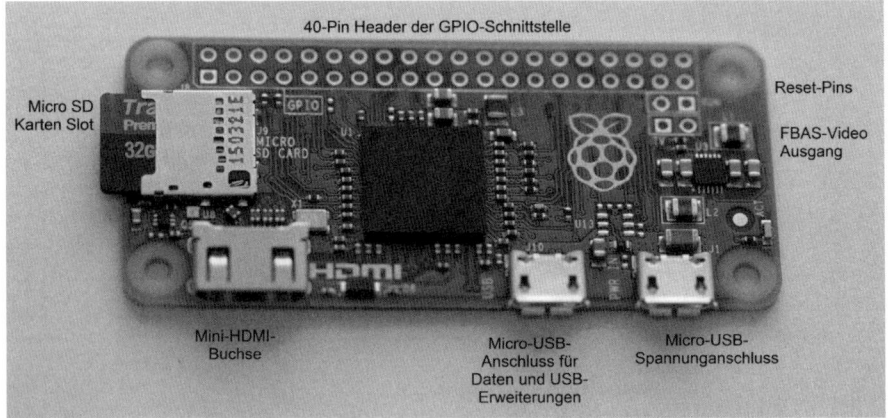

Alle Anschlüsse an Bord: Links befindet sich der Micro-SD-Kartenslot, dann folgen die Pinlöcher für den 40-Pin-Header der GPIO-Schnittstelle, je zwei Pins für Reset und FBAS-Videoausgang, der Micro-USB-Spannungsanschluss und der Micro-USB für Daten und USB-Erweiterungen. Zu guter Letzt ist die Mini-HDMI-Buchse verbaut.

Im Herbst 2012 wurde das Modell B von einem zweiten B-Modell (Revision 2) abgelöst, das im Vergleich zu seinem Vorgänger mit mehr Arbeitsspeicher ausgestattet ist. Während die ersten Modelle mit 256 MByte Kapazität bestückt sind, bietet das Modell B2 nunmehr 512 MByte – also doppelt so viel RAM. Diese Speichermenge findet sich auch bei dem im Dezember 2015 veröffentlichten Raspberry Pi Zero, während Raspberry Pi 2 Modell B vom Februar 2015 eine Speichergröße von 1 GByte mitbringt. Der Prozessor ist bei diesen großen 2015er-Modellen der A7-Cortex mit vier Kernen und 900 MHz Taktfrequenz, was in den Benchmarks einer rund sechsfachen Leistungssteigerung gegenüber dem Raspberry Pi 1 entspricht.

Im Februar 2016 wurde von der Raspberry Pi Foundation der A8-Cortex mit 64-Bit-CPU BCM 2837 mit 1,2 GHz, sowie je einem integrierten WLAN-Modul und Bluetooth-Modul veröffentlicht. Laut Hersteller soll die neue Platine rund 50 bis 60 % schneller sein als die CPU des Vorgängers Raspberry Pi 2, und auf jeden Fall benötigt der Raspberry Pi 3 somit nach Wunschdenken der Raspberry Pi Foundation auch ein besseres Netzteil mit 2,5 A Stromstärke, was bei 5 V Spannung ein 12-W-Netzteil bedeutet. In der Praxis funktionieren die „alten" Netzteile der alten Raspberry-Pi-Platinen nach wie vor, bei zusätzlich angeschlossenem USB-Equipment an den USB-Buchsen bieten sie jedoch keine Leistungsreserven mehr. Wie beim Raspberry Pi Zero wird auf die Overclocking-Option im Werkzeug `raspi-config` verzichtet, was keine Anpassung der Taktfrequenz zulässt.

Im ersten Quartal 2016 wurde der Raspberry Pi 3 mit integrierter WLAN- und Bluetooth-Schnittstelle der Öffentlichkeit präsentiert.

WARUM RASPBERRY PI?

Bekanntlich stammt das Wort „Raspberry" aus dem Englischen und bedeutet Himbeere. „Pi" ist die Abkürzung für *Python Interpreter*, wobei Python von der Raspberry Pi Foundation und dem Autor als bevorzugte Programmiersprache auf dem Raspberry Pi empfohlen wird.

Im Juli 2014 wurde das Industriemodul Raspberry Pi Compute Module samt passendem IO-Board sowie der auf dem Raspberry Pi B(2) basierende verbesserte Raspberry Pi B+ vorgestellt. Zwar setzen beide 2014er-Modelle im Wesentlichen noch auf die gleiche Basis auf, differieren jedoch hinsichtlich der Anzahl der Schnittstellen und den damit verbundenen Möglichkeiten.

RASPBERRY PI	RASPBERRY PI 1 MODELL A	RASPBERRY PI 1 MODELL A+	RASPBERRY PI 1 MODELL B	RASPBERRY MODELL B2
CPU	700 MHz ARM-1176JZF-S core (ARM11)	700 MHz ARM-1176JZF-S (ARM11)	700 MHz ARM-1176JZF-S core (ARM11)	700 MHz 70C ARM1176JZF-
SoC	Broadcom BCM2835 (CPU + GPU + DSP + SDRAM)	Broadcom BCM2835 (CPU + GPU + DSP + SDRAM)	Broadcom BCM2835 (CPU + GPU + DSP + SDRAM)	Broadcom BCM2835 (CI + GPU + DSP SDRAM)
GPU	Broadcom Video-Core IV, OpenGL ES 2.0, 1080p30 h.264/MPEG-4-AVC-Decoder	Broadcom Video-Core IV, OpenGL ES 2.0, 1080p30 h.264/ MPEG-4-AVC-Decoder	Broadcom Video-Core IV, OpenGL ES 2.0, 1080p30 h.264/MPEG-4-AVC-Decoder	Broadcom Vic Core IV, Open ES 2.0, 1080p h.264/MPEG-4-AVC-Decod
Speicher	256 MByte (geteilt mit GPU)	256 MByte (geteilt mit GPU)	256 MByte (geteilt mit GPU)	512 MByte (ge mit GPU)
USB-2.0-Anschlüsse	1	1	2 (eingebauter USB-Hub)	2 (eingebaute USB-Hub)
Videoausgang	Composite RCA (PAL und NTSC), HDMI (Rev. 1.3 & 1.4), HDMI-Auflösung von 640 × 350 bis 1.920 × 1.200 (PAL und NTSC)	HDMI (Rev. 1.3 und 1.4), HDMI-Auflösung von 640 × 350 bis 1.920 × 1.200 (PAL und NTSC), Composite-RCA-Signal über 3,5-mm-Klinke	Composite RCA (PAL und NTSC), HDMI (Rev. 1.3 und 1.4), HDMI-Auflösung von 640 × 350 bis 1.920 × 1.200 (PAL und NTSC)	Composite RC (PAL und NTS HDMI (Rev. 1. 1.4), HDMI-A sung von 640 bis 1.920 × 1.2 (PAL und NTS
Audioausgang	3,5-mm-Klinke, HDMI	3,5-mm-Klinke, HDMI	3,5-mm-Klinke, HDMI	3,5-mm-Klink HDMI
Onboard-Steckplätze	SD-/MMC-/SDIO-Kartenslot	Micro-SD-/MMC-/SDIO-Kartenslot	SD-/MMC-/SDIO-Kartenslot	SD-/MMC-/S Kartenslot
Onboard-eMMC-Speicher	-	-	-	-
Onboard-Netzwerkanschluss	-	-	10/100 Ethernet	10/100 Etherr
Onboard-WLAN-Anschluss	-	-	-	-
Onboard-Bluetooth-Schnittstelle	-	-	-	-
Low-Level-Anschlüsse	18 GPIO, UART, I2C-Bus, SPi-Bus, +3,3 V, +5 V, Masse	27 × GPIO, UART, I2C-Bus, SPi-Bus, +3,3 V, +5 V, Masse	18 GPIO, UART, I2C-Bus, SPi-Bus, +3,3 V, +5 V, Masse	18 GPIO, UAR I2C-Bus, SPi-I +3,3 V, +5 V,
Stromaufnahme	500 mA (2,5 W)	400 mA (3 W)	700 mA (3,5 W)	700 mA (3,5
Größe	85,60 × 53,98 mm	65 × 56 mm	85,60 × 53,98 mm	85,60 × 53,98
GPIO-Pinleiste Anzahl Pins	26	40	26	26

BERRY PI1 ELL B+	RASPBERRY PI2 MODELL B	RASPBERRY PI3 MODELL B	MODELL CMIO (A)	RASPBERRY PI ZERO
1Hz ARM- F-S (ARM11)	900 MHz ARM Cortex-A7	1.200 MHz ARM Cortex-A8	700 MHz ARM-1176JZF-S (ARM11)	1 GHz MHz ARM-1176JZF-S (ARM11)
com BCM2835 + GPU + DSP + M)	Broadcom BCM2836 (CPU + GPU + DSP + SDRAM)	Broadcom BCM2837 (CPU + GPU + DSP + SDRAM)	Broadcom BCM2835 (CPU + GPU + DSP + SDRAM)	Broadcom BCM2835 (CPU + GPU + DSP + SDRAM)
com Video- V, OpenGL ES)80p30 h.264/ -4-AVC-Deco-	Broadcom VideoCore IV, OpenGL ES 2.0, 1080p30 h.264/MPEG-4-AVC-Decoder	Broadcom VideoCore IV, OpenGL ES 2.0, 1080p30 h.264/MPEG-4-AVC-Decoder	Broadcom VideoCore IV, OpenGL ES 2.0, 1080p30 h.264/MPEG-4-AVC-Decoder	Broadcom VideoCore IV, OpenGL ES 2.0, 1080p30 h.264/MPEG-4-AVC-Decoder
Byte (geteilt mit	1.024 MByte (geteilt mit GPU)	1.024 MByte (geteilt mit GPU)	512 MByte (geteilt mit GPU)	512 MByte (geteilt mit GPU)
gebauter USB-	4 (eingebauter USB-Hub)	4 (eingebauter USB-Hub)	1	1
(Rev. 1.3 und DMI-Auflö- on 640 × 350 20 × 1.200 (PAL TSC), Compo- CA-Signal über m-Klinke	HDMI (Rev. 1.3 und 1.4), HDMI-Auflösung von 640 × 350 bis 1.920 × 1.200 (PAL und NTSC), Composite-RCA-Signal über 3,5-mm-Klinke	HDMI (Rev. 1.3 und 1.4), HDMI-Auflösung von 640 × 350 bis 1.920 × 1.200 (PAL und NTSC), Composite-RCA-Signal über 3,5-mm-Klinke	HDMI (Rev. 1.3 und 1.4), HDMI-Auflösung von 640 × 350 bis 1.920 × 1.200 (PAL und NTSC)	Mini-HDMI-Auflösung von 640 × 350 bis 1.920 × 1.200 (PAL und NTSC)
m-Klinke,	3,5-mm-Klinke, HDMI	3,5-mm-Klinke, HDMI	HDMI	HDMI, über PWM-GPIO
-SD-/MMC-/ Kartenslot	Micro-SD-/MMC-/SDIO-Kartenslot	Micro-SD-/MMC-/SDIO-Kartenslot	-	Micro-SD-/MMC-/SDIO-Kartenslot
-	-	-	4 GByte	-
0 Ethernet	10/100 Ethernet	10/100 Ethernet	-	-
	-	BCM43143 2,4GHz WLAN b/g/n	-	-
	-	Bluetooth 4.1 Low Energy	-	-
GPIO, UART, is, SPi-Bus, , +5 V, Masse	27 × GPIO, UART, I2C-Bus, SPi-Bus, +3,3 V, +5 V, Masse	27 × GPIO, UART, I2C-Bus, SPi-Bus, +3,3 V, +5 V, Masse	GPIO, UART, I2C-Bus, SPi-Bus, +3,3 V, +5 V, Masse	27 × GPIO, UART, I2C-Bus, SPi-Bus, +3,3 V, +5 V, Masse
A (3 W)	800 mA (4 W)	1.200 mA (6 W)	500 mA (2,5 W)	600 mA (3 W)
6 mm	85 × 56 mm	85 × 56 mm	65 mm × 35 mm (SO-DIMM-Platine)	85 × 56 mm
40	40	40	120	40 (ohne Stiftleiste)

Die GPIO-Schnittstelle hat bei den Raspberry-Pi-1-Modellen A, B und B2 26 Pins, bei den verbesserten Modellen Raspberry Pi 1 A+ und B+ sowie beim Raspberry Pi 2 Modell B 40 Pins und bei dem IO-Board des Compute-Moduls 120 Pins. Im Fall eines Raspberry Pi 1 Modell A, B, B2 verwendet der Prozessor insgesamt 54 Ein- und Ausgabeleitungen, von denen 17 als „echte" GPIO-Schnittstelle zur Verfügung stehen. Die eigentliche Anzahl der im Endeffekt frei nutzbaren GPIO-Anschlüsse wird nochmals reduziert, da einige Pins alternative Funktionen mitbringen, wie eine I2C- oder eine SPI-Schnittstelle oder die serielle UART-Schnittstelle, die beispielsweise einen RX- und einen TX-Pin benötigt. Sollen sämtliche Schnittstellen verwendet werden, verbleiben bei den „alten" Raspberry-Pi-Platinen acht „echte" GPIO-Pins, die sich für Hardwareexperimente verwenden lassen. Mit der Einführung der verbesserten A+- und B+-Modelle bei den alten Raspberry-Pi-1-Platinen bzw. dem Raspberry Pi 2 und 3, dem Zero und dem CMIO-Board wird mit mehr zur Verfügung stehenden Pins somit auch die Anzahl der zur Verfügung stehenden GPIO-Anschlüsse erhöht.

Der Raspberry Pi 3 löst nebenher auch die „alten" Raspberry-Pi-Modelle der ersten Generation mit der kleinen 26-poligen Stiftreihe ab, die nicht mehr produziert werden. Um nach Kauf und Lieferung zu kontrollieren, was genau unter der Haube steckt und welche Version des Raspberry Pi geliefert wurde, geben Sie in der Kommandozeile folgenden Befehl ein:

```
cat /proc/cpuinfo
```

Damit lassen Sie sich die Hardwareinformationen, etwa die CPU-Prozessorinformationen, ausgeben. In der tabellarischen Ausgabe suchen Sie nach dem Eintrag Revision – hier steht für den Code 1 der Raspberry Pi 1 Modell A. Für den B-Nachfolger wird Code 2 bzw. eine weitere unwesentlich geänderte Revision 3 genutzt, während für das Modell Raspberry Pi 1 B Revision 2 die Codes 4, 5 und 6 zum Einsatz kommen.

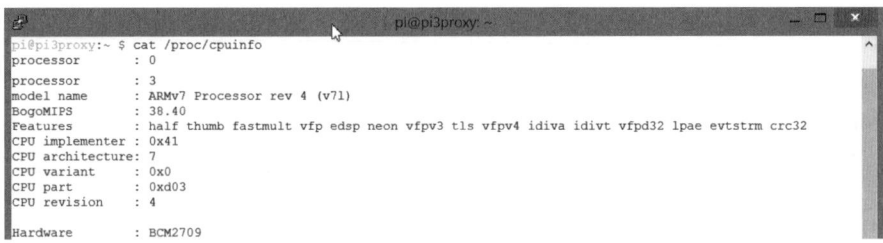

```
pi@pi3proxy:~ $ cat /proc/cpuinfo
processor       : 0

processor       : 3
model name      : ARMv7 Processor rev 4 (v7l)
BogoMIPS        : 38.40
Features        : half thumb fastmult vfp edsp neon vfpv3 tls vfpv4 idiva idivt vfpd32 lpae evtstrm crc32
CPU implementer : 0x41
CPU architecture: 7
CPU variant     : 0x0
CPU part        : 0xd03
CPU revision    : 4

Hardware        : BCM2709
```

Für den Raspberry Pi 3 wird Code 4 verwendet, zu sehen in der Zeile CPU revision.

Um sich den Raspberry Pi zu erträglichen Kosten zu beschaffen, sollten Sie den Kauf bei den offiziellen Raspberry-Distributoren wie Farnell & Co. präferieren. Zwar gibt es zahlreiche Händler, die über die bekannten Verlaufsplattformen im Internet ebenfalls Raspberry-Pi-Platinen verkaufen, doch hin und wieder werden noch immer Mondpreise verlangt, z. B. werden für die kleine Raspberry-Pi-Platine, den Zero, derzeit 50 Euro (Stand: April 2016) bei Auktionsplattformen fällig.

Bei undurchsichtigen Händlern können Sie von Ihrem Umtauschrecht Gebrauch machen, bei Privatkäufen ist das jedoch eine zähe Angelegenheit. Wie auch immer: Ungeduldige, die den Raspberry Pi möglichst heute noch in den Händen halten wollen, zahlen bei Auktionsplattformen einen satten Aufschlag: So sind Preise um die 50 Euro für die nackte Raspberry-Pi-Zero-Platine leider nichts Ungewöhnliches. Kaufen Sie zumindest bei einem gewerblichen Verkäufer, wenn Sie Wert auf Garantie und Rückgaberecht legen.

1.1   Linux auf dem Raspberry Pi

Der Raspberry Pi ist ein preisgünstiges Board für den Einstieg in die Welt des immer weiter verbreiteten Embedded Linux – demzufolge ist auch das eingesetzte Betriebssystem aus der Linux-Welt. Linux selbst wurde bekanntlich von Linus Torvalds, der für den PC den ersten Unix/Linux-Kernel entwickelte, ins Leben gerufen. Je nach Einsatzzweck und eingesetzter Hardware sind am Markt diverse Unix/Linux-Varianten verbreitet, und für den Raspberry Pi existiert ebenfalls eine speziell angepasste Version. Die Macher hinter dem Raspberry Pi veröffentlichen laufend aktuelle Versionen des Raspbian-Linux (zusammengesetzt aus den Begriffen Raspberry Pi und Debian-Linux). Debian kommt ebenfalls bei den größeren Distributionen wie der Ubuntu-Familie zum Einsatz – bei dem Raspberry Pi basieren neben dem „originalen" Raspbian auch weitere speziell angepasste Lösungen, die genau auf den jeweiligen Einsatzzweck zugeschnitten sind.

LINUX	EINSATZZWECK
Raspbian	Büro/Office-Suite
Raspbian Lite	Einsatz mit Serverdiensten und Services
Kodi/OpenELEC	Multimedia-Linux/Streaming-Gerät
Retropie	Raspbian mit speziellen Arcade-Konsolenspiele-Anpassungen und Oberfläche

Egal welches Raspberry-Pi-Linux zum Einsatz kommt, allen gemeinsam ist, dass der Raspberry Pi selbst kein BIOS besitzt. Die nötigen Hardwareparameter und Einstellungen finden Sie in der Datei /boot/config.txt. Diese Textdatei kann im laufenden Betrieb mit einem gewöhnlichen Linux-Editor (vi oder nano in der Konsole, gedit in der GUI) geöffnet werden. Die Bearbeitung ist mit administrativen root-Rechten möglich, dafür benötigen Sie ein vorangestelltes sudo-Kommando. Alternativ kommen Sie auch über die Micro-SD-Karte auf einem Windows-/Mac-Computer über die /boot-Partition an diese Datei heran, die mit einem passenden Editor wie Textpad, Notepad++ oder Notepad bearbeitet werden kann. Andere Editoren oder gar Textverarbeitungen sind hier zu meiden, da sie den Zeilenumbruch der Unix-Datei zerstören können – die Datei ist unter Linux dann nicht mehr wie vorgesehen verarbeitbar.

1.1.1 Terminal: Kommandozeile für den Raspberry Pi

Manche Dinge lassen sich auf der Kommandozeile – im Terminal und hier im Speziellen im LXTerminal – schneller und bequemer erledigen. Das LXTerminal-Programm bietet die Möglichkeit, mehrere Register in einem Fenster zu halten, was für Übersicht auf dem Desktop sorgt.

BEFEHLSEINGABEN WIEDERHOLEN

Um nicht immer das Rad neu erfinden und lange Befehlszeilen stupide neu eintippen zu müssen, können Sie mit den Pfeiltasten [↑] und [↓] zwischen den zuletzt verwendeten Kommandos navigieren. Damit greifen Sie auf die in der History gespeicherten Kommandos zu – welche das genau sind, können Sie sich per history-Kommando auf der Kommandozeile ausgeben lassen. Die History wird ständig um die neuen Eingaben ergänzt und bleibt auch bei einem Neustart des Raspberry Pi erhalten.

1.1.2 Konsolen-Basics: wichtige Befehle im Überblick

Die Konsole bzw. bei Linux und Mac OS das Terminal kommt standardmäßig im Textmodus daher und lässt sich auch von der GUI aus starten. Damit sich auch Linux-Neulinge auf Anhieb auf der Kommandozeile wohlfühlen, hier die wichtigsten Befehle im Überblick:

BESCHREIBUNG	BEFEHL
Beendet den angegebenen laufenden Prozess.	kill
Befehl als Superuser ausführen.	sudo [BEFEHL]
Benutzer ändern.	usermod [BENUTZER]
Benutzer hinzufügen.	useradd [BENUTZER]

BESCHREIBUNG	BEFEHL
Benutzer löschen.	userdel [BENUTZER]
Datei kopieren.	cp [dateiname.erweiterung] [ZIEL]/
Datei löschen.	mv [dateiname.erweiterung]
Datei suchen.	find -name „[dateiname.erweiterung]"
Datei verschieben.	mv [dateiname.erweiterung] [ZIEL]/
Dateiinhalt anzeigen.	less [dateiname.erweiterung]
Dienste auf dem Raspberry Pi beenden.	service [dienstname] stop
Dienste auf dem Raspberry Pi starten.	service [dienstname] start
Dienste auf dem Raspberry Pi neu starten.	service [dienstname] restart
DNS-Informationen herausfinden.	host
Editor nano.	nano [Pfad][Dateiname] Strg-Taste und X zum Speichern und Beenden
Editor vi.	vi [Pfad][Dateiname] Esc-Taste und :q zum Speichern I-Taste zum Ändern/Einfügen von Text
Erzeugt Links zwischen Dateien und Ordnern.	ln
Freien Speicherplatz anzeigen.	df -h
GZ-Archiv auspacken.	gunzip [dateiname.gz]
Hilfe zu einzelnen Befehlen.	man [BEFEHL]
Laufende Prozesse beenden und System herunterfahren.	halt
Liste der aktiven Prozesse anzeigen.	ps -ax
Liste der bisher eingegebenen Kommandos anzeigen.	history
MAC-Adresse herausfinden.	arp -a
Netzwerkkonfiguration anzeigen.	ifconfig
Ordner löschen.	rmdir [ORDNERNAME]
Ordner wechseln.	cd /[ORDNERNAME]
Ordnerinhalt anzeigen.	ls oder ls -al
Passwort ändern.	passwd

BESCHREIBUNG	BEFEHL
SSH-Verbindung zu entferntem Computer aufnehmen.	`ssh [IP-Adresse]` oder `ssh [DNS-Adresse]` bei Benutzerwechsel den gewünschten Benutzernamen vor `[IP-Adresse]` bzw. `[DNS-Adresse]` `ssh_benutzername@[IP-Adresse]`
TGZ-Archiv entpacken.	`tar xzvf [dateiname.tgz]`
Zeigt den aktuellen Standort im Ordner.	`lwd`
Zeigt den Hostnamen an.	`hostname`
Zeigt den Pfad eines Programms.	`which`

Um weitere Informationen zu einem Befehl zu erhalten, nutzen Sie am besten den man-Mechanismus. Mit dem man-Befehl (Manual, Handbuch) wirft die Konsole für nahezu jeden Konsolenbefehl die passende Syntax und die entsprechenden Parameter aus. Geben Sie beispielsweise man cp ein, listet man sämtliche Parameter zum Kopieren der Datei/des Ordners auf.

1.1.3 chmod: effektive Berechtigungen

Eine Spezialität unter Unix im Allgemeinen ist der Befehl chmod, mit dem Sie den Zugriff auf Dateien und Verzeichnisse regeln können. Das Unix-Rechtesystem hat drei verschiedene Bereiche:

- Benutzer (user)
- Gruppe (group)
- Andere (other)

Für jeden Bereich können folgende Eigenschaften zugewiesen werden:

- r: = lesbar (readable), Wert: 4
- w: = beschreibbar (writeable), Wert: 2
- x: = ausführbar (executable), Wert: 1

Beim Linux des Raspberry Pi, also wenn Sie beispielsweise ls ausführen, werden diese Eigenschaften im folgenden Format angezeigt:

```
rwxrwxrwx
```

Die ersten Buchstaben gelten für den Bereich user, weitere drei für group und die letzten drei für other. Der Ausdruck rwxr--r-- bedeutet: Der Besitzer darf die Datei lesen, schreiben und ausführen, alle andere Personen haben nur Lesezugriff. Um die Darstellung in Form einer oktalen Zahl zu erhalten, müssen Sie alle Werte für jeden Bereich addieren. In diesem Fall gilt: (4 +2 + 1) (4) (4) = 744. So können Sie mit

```
chmod 744 [DATEINAME.DATEIERWEITERUNG]
```

die entsprechenden Rechte setzen.

1.1.4   Device-Tree-Optionen in der config.txt

Seit Kernel 3.18.3 verwendet Raspbian standardmäßig das Overlay-Modell und kann somit durch einen Gerätebaum (Device Tree) effektiv ergänzt werden, ohne dass dabei der Kernel selbst angepasst werden muss. Der Device Tree ist standardmäßig aktiviert und kann entweder über das Werkzeug `raspi-config` oder über die `/boot/config.txt` abgeschaltet werden. Dafür tragen Sie dort die Zeile:

```
device_tree=
```

ein. Das neue Overlay-Modell funktioniert jedoch bei älterer Hardware nicht immer, was zur Folge hat, dass die Overlay-Technik mit dem Eintrag `device_tree=` in der `config.txt` auszuschalten ist, damit das Treibermodell über die Module wieder funktioniert. Alternativ lässt sich dies auch mit einem Eigenbaukernel bewerkstelligen, doch auf dem Raspberry Pi ist dies eine zeitraubende Angelegenheit.

Bei der Rückkehr zum „alten" Modulkonzept lassen sich anschließend mit dem „neuen" Raspbian die Kernelmodule wie bisher über das Eintragen oder Auskommentieren in der Datei `/etc/modprobe.d/raspi-blacklist.conf` steuern. Empfehlenswerter ist es, sich beim Einsatz eines neuen Raspberry Pi und beim Bau eines neuen Projekts näher mit den Device Tree-Optionen zu beschäftigen. Diese werden über die Systemdatei `/boot/config.txt` gesteuert.

```
sudo su
nano /boot/config.txt
```

Für verschiedene Geräte bzw. Schnittstellen sind dort im Zusammenhang mit der aktivierten `dt`-Option die Einträge aus der nachstehenden Tabelle möglich.

TREIBER/GERÄTE-SCHNITTSTELLE	NÖTIGER EINTRAG IN / BOOT/CONFIG.TXT	BEMERKUNG
I2C	`dtparam=i2c_arm=on`	Die weitere Zuordnung wie ehemals `dtparam=i2c1=on` bzw. `dtparam=i2c0=on` ist nicht mehr nötig.

TREIBER/GERÄTE-SCHNITTSTELLE	NÖTIGER EINTRAG IN / BOOT/CONFIG.TXT	BEMERKUNG
SPI	`dtparam=spi=on`	
I2S	`dtparam=i2s=on`	Soundschnittstelle
lirc-rpi	`dtoverlay=lirc-rpi`	Fernbedienung
	`dtoverlay=lirc-rpi,gpio_in_pin=16,gpio_in_pull=high`	Fernbedienung mit Modulparameter (GPIO-Pin 16)
w1-gpio	`dtoverlay=w1-gpio-pullup,gpiopin=gpio_pin_x`	1Wire/Onewire, z. B. Thermometer an GPIO x
	`pullup,gpiopin=gpio_pin_x,pullup=gpio_pin_y`	1Wire/Onewire, z. B. Thermometer – hier mit externem Pull-up-Widerstand an GPIO y
pHAT – HiFi Berry oder DAC	`dtoverlay=hifiberry-dac` `dtoverlay=hifiberry-dacplus` `dtoverlay=hifiberry-digi` `dtoverlay=iqaudio-dac` `dtoverlay=iqaudio-dacplus`	abhängig vom jeweiligen Gerät (Gerätemodell)

Beachten Sie, dass die in der Datei /boot/config.txt vorgenommenen Änderungen erst mit dem Neustart des Systems in Kraft treten.

Schnittstellenanpassung ohne raspi-config

Aufgrund des flexiblen Zwei-Draht-Designs (SDA, *Serial Data*) und SCL (SCL, *Serial Clock*) sind nur zwei Pins auf der GPIO-Leiste des Raspberry Pi nötig – die Unterscheidung der angeschlossenen Geräte erfolgt über ihre Geräteadresse auf dem I2C-Bus. Damit das funktioniert, muss zunächst das I2C-Kernelmodul auf dem Raspberry Pi in Betrieb genommen werden. Dies erledigen Sie, indem Sie im ersten Schritt ebenjenes Kernelmodul aus der raspi-blacklist.conf-Datei entfernen und im zweiten Schritt das gewünschte Kernelmodul in die /etc/modules eintragen, damit es bei jedem Start des Raspberry Pi geladen wird.

```
sudo nano /etc/modprobe.d/raspi-blacklist.conf
```

Steht in der raspi-blacklist.conf-Datei also ein Eintrag, der die I2C-Schnittstelle blockiert, kommentieren Sie diesen Eintrag per #-Zeichen aus, indem Sie das Zeichen am Anfang der Zeile platzieren. Somit wird aus der Zeile

```
blacklist i2c-bcm2708
```

nun

```
# blacklist i2c-bcm2708
```

Bei einem frisch installierten Raspberry Pi ist oftmals die Datei /etc/modprobe.d/ raspi-blacklist.conf entweder komplett leer oder im Fall eines aktuellen Kernels größer Version 3.18.3 gar nicht vorhanden und wird auch nicht mehr gebraucht. Das muss Sie nicht beunruhigen, fahren Sie einfach mit der Bearbeitung der Datei /etc/modules fort:

```
sudo nano /etc/modules
```

Falls noch nicht vorhanden, fügen Sie beide Zeilen der Datei

```
i2c-dev
i2c-bcm2708
```

hinzu und speichern Sie die Datei. Grundsätzlich wäre die Änderung für den Raspberry Pi ausreichend, um die Module in Betrieb zu nehmen. Je nach installierter Linux-Version ist zudem der Device Tree-Eintrag in der Systemdatei /boot/ config.txt nötig:

```
sudo nano /boot/config.txt
```

Fügen Sie die nachstehende Zeile am Ende der Datei hinzu:

```
dtparam=i2c_arm=on
```

Speichern Sie die Systemdatei und laden Sie anschließend die I2C-Tools sowie das Python-Smbus-Paket auf den Raspberry Pi, um die Schnittstelle auch über Python bequem einsetzen zu können.

```
apt-get install i2c-tools libi2c-dev python-smbus
```

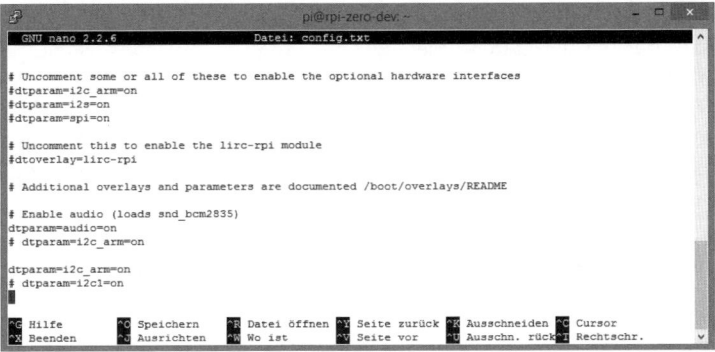

Ist das Raspbian auf dem aktuellsten Stand, ist die Portangabe für den i2c-Bus in der Overlay-Datei nicht mehr notwendig und kann auskommentiert werden.

Um die Kernelmodule zu laden, starten Sie entweder den Raspberry Pi neu, oder Sie fügen sie über das modprobe-Kommando hinzu.

```
sudo modprobe i2c-bcm2708
sudo modprobe i2c_dev
```

Ob das Laden der beiden Module erfolgreich war oder nicht, lässt sich mit dem lsmod-Befehl überprüfen. Werden bei der Rückmeldung des Befehls beide Module ausgegeben, war das Laden erfolgreich, falls nicht, starten Sie den Raspberry Pi mit dem reboot-Kommando neu.

1.2 Praktisches Zubehör für den Raspberry-Betrieb

In der Zeit, in der Sie auf die Lieferung Ihres Raspberry Pi warten, können Sie sich schon mal einen Überblick über das vorhandene und notwendige Zubehör zur Inbetriebnahme des Geräts verschaffen. Je nach vorgesehenem Anwendungszweck ist dieses Zubehör höchst unterschiedlich, da der Raspberry Pi sehr flexibel ist. So lässt er sich beispielsweise mit Bildschirmausgabe über den vorhandenen (Mini-)HDMI-Ausgang konfigurieren, aber auch der Betrieb ohne angeschlossenen Bildschirm ist möglich. Dies ist vor allem dann praktisch, wenn der Raspberry Pi im Stillen und unbeobachtet seinen Dienst beispielsweise als Steuerung für eine Überwachungskamera, die Türklingel oder als TV-Server verrichten soll.

```
pi@raspberrypi:~ $ lsusb
Bus 001 Device 006: ID 0b95:772a ASIX Electronics Corp. AX88772A Fast Ethernet
Bus 001 Device 009: ID 7392:7811 Edimax Technology Co., Ltd EW-7811Un 802.11n Wireless Adapter [Realtek RTL8188CUS]
Bus 001 Device 008: ID 046d:c077 Logitech, Inc.
Bus 001 Device 007: ID 041e:30d3 Creative Technology, Ltd Sound Blaster Play!
Bus 001 Device 004: ID 1a40:0101 Terminus Technology Inc. 4-Port HUB
Bus 001 Device 005: ID 0b38:0010 Gear Head 107-Key Keyboard
Bus 001 Device 003: ID 058f:6254 Alcor Micro Corp. USB Hub
Bus 001 Device 002: ID 05e3:0608 Genesys Logic, Inc. USB-2.0 4-Port HUB
Bus 001 Device 001: ID 1d6b:0002 Linux Foundation 2.0 root hub
pi@raspberrypi:~ $ █
```

USB-Hub im Einsatz: Zahlreiche Geräte werden über das lsusb-Kommando erkannt, und ihre USB-ID samt Beschreibung wird ausgegeben.

In jedem Fall zwingend notwendig ist die Stromversorgung, die über eine Micro-USB-Buchse auf der Raspberry-Pi-Platine sichergestellt wird. Sehr hilfreich ist auch der Einsatz eines aktiven, leistungsfähigen USB-Hubs, der als Spannungsversorger für den Raspberry Pi und die benötigten USB-Geräte – Maus, Tastatur, WLAN- oder Bluetooth-Dongle, USB-Audio-Soundkarte, Webcam oder USB-LAN-Adapter – dient.

1.2.1   Micro-USB-Kabel und Netzteil

Mini vs. Micro: In der schier unüberschaubaren Stecker- und entsprechenden Buchsenvielfalt des USB-Anschlusses ist für den Raspberry Pi statt des Mini-Anschlusses der etwas flachere Micro-USB-Stecker gefragt, der vorwiegend bei Mobilgeräten wie Smartphones und Navigationssystemen zum Einsatz kommt. Für den stabilen Betrieb des Raspberry Pi ist ein 5-W-Netzteil (5 V, 1.000 mAh) das richtige. In diesem Buch wurde zeitweise das Netzteil (5,4 V, 1.000 mAh) eines Garmin Nüvi 3790 T zweckentfremdet, ansonsten wurde der Raspberry Pi über die Spannungsversorgung des eingesetzten 4-Port-USB-Hubs mit Spannung versorgt. Beachten Sie, dass je nach Raspberry-Pi-Modell ein unterschiedlich starkes Netzteil nötig ist. Generell ist man mit einem 5-V-Netzteil, das etwas mehr Stromstärke mitbringt, auf der sicheren Seite. Für den Raspberry Pi 3 gibt es sogar ein offizielles Micro-USB-Steckernetzteil, das bei 5,1 V Spannung 2,5 A Strom liefert. Kommen weitere Komponenten am USB-Anschluss zum Einsatz, können Sie auch auf ein Netzteil mit 3 A wechseln, das entspricht einer Leistung von 15 W.

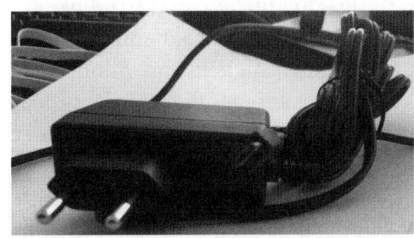

Um die 5 Euro werden für ein leistungsfähiges Netzteil für den Raspberry Pi fällig. Dank des Micro-USB-Anschlusses und des geringen Stromverbrauchs eignen sich vor allem Netzteile aus dem Handyzubehörmarkt.

Für den Kauf eines leistungsfähigen und kompakten USB-Hubs können Sie um die 5 bis 10 Euro veranschlagen – am besten bei einem Kommunikationsfachhändler wie *niebauer.com*, der auch weitere sinnvolle Ergänzungen wie schnelle Micro-SD-Speicherkarten, Bluetooth-Handytastaturen, praktische Mini-Bildschirme etc. in seinem Sortiment führt.

1.2.2   (Micro-)SD-Karten: der Unterschied zwischen schnell und langsam

Liest man im Internet in zahlreichen Foren zum Thema Raspberry Pi mit, hat man den Eindruck, dass die Auswahl der passenden Micro-SD-/SD-Karte heutzutage ein Glückspiel darstellt: Es gab einmal die weitverbreitete Meinung, dass Sie das Risiko eines Fehlkaufs nur dann minimieren können, wenn Sie die schnelleren Karten, die in der Regel mit Kapazitäten größer als 16 GByte kommen, meiden.

Neben den klassischen SD-Karten mit Kapazitäten von 8 MByte bis 2 GByte gibt es Karten, die entweder mit der SDHC-Technik (SD 2.0) mit Kapazitäten von 4 bis 32 GByte oder mit der SDXC-Technik (SD 2.0) mit Kapazitäten von 48 GByte bis maximal 2 TByte ausgestattet sind.

Micro-SD und der passende Adapter: Zunächst wird die Micro-SD-Karte in den SD-Adapter gesteckt, und dieser wiederum findet Platz im SD-Kartenslot des Computers.

Für den Raspberry Pi kommen vor allem die SDHC-Karten infrage und speziell für den Zero die kleineren Micro-SD-Karten – nicht zuletzt aus Kostengründen. Grundsätzlich werden SDHC-Karten in unterschiedliche Geschwindigkeitsklassen aufgeteilt, die auch auf den Karten aufgedruckt sind. Das heißt, eine mit Class 6 gelabelte SD-Karte besitzt eine Schreibgeschwindigkeit von mindestens 6 MByte pro Sekunde. Im Gegensatz dazu lässt sich die Lesegeschwindigkeit nicht direkt aus der Geschwindigkeitsklasse ermitteln. Meist liegt sie deutlich über der angegebenen minimalen Schreibgeschwindigkeit, und höherklassige Modelle erzielen in der Regel auch höhere Lesegeschwindigkeiten als niedriger eingestufte SD-Karten. Der Einsatz bzw. die Auswahl der richtigen SD-Karte hängt vornehmlich vom Einsatzzweck des Raspberry Pi ab: Wir setzen für den Raspberry Pi im Zusammenhang mit dem OpenELEC-Projekt (siehe Kapitel 6 „Wohnzimmer-PC 3.0") eine Class 10 Sandisk Micro Extreme mit 16 GByte ein, die bereits seit Monaten im Dauerbetrieb ihren Dienst verrichtet.

 RASPBERRY PI RICHTIG BOOTEN

Der Raspberry Pi bootet immer von der eingelegten Speicherkarte. Mangels EFI/BIOS lässt sich hier auch kein Trick anwenden, um beispielsweise wie bei einem Computer von einer am USB-Anschluss angeschlossenen USB-Festplatte zu booten. Nutzdaten und dergleichen lassen sich jedoch nach dem Bootvorgang über angeschlossene USB-Sticks/-Festplatten oder Netzwerkfreigaben verwenden.

Die Speicherkarte im Micro-SD-Format dient dem Raspberry Pi sozusagen als Festplatte. Darauf liegen neben dem Raspbian-Betriebssystem auch die installierten Programme sowie die persönlichen Daten. In Sachen Speichergröße sind Micro-SD-Speicherkarten der Größe 4 bis 16 GByte zu empfehlen, die recht preiswert sind. Beachten Sie, dass Sie möglichst eine Class 10-Speicherkarte verwenden – die Performance einer schnelleren Karte bemerken Sie am Raspberry Pi deutlich.

Speicherkarte checken mit CrystalDiskMark

Wer eine neue Micro-SD-Karte aus dem Elektronikhandel oder die alte Speicherkarte aus der Schreibtischschublade auf ihre Raspberry-Pi-Tauglichkeit prüfen möchte, kann sich mit dem kleinen Benchmark-Programm CrystalDiskMark (*http://crystalmark.info/software/CrystalDiskMark/index-e.html*) behelfen. Damit lassen sich die konkreten Leistungswerte des angeschlossenen USB-Datenträgers ermitteln.

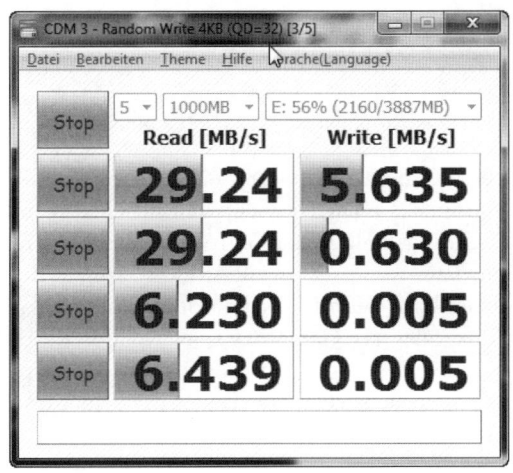

Wer ist der Schnellste? Um die tatsächliche Geschwindigkeit des Flashspeichers herauszufinden, nutzen Sie das kleine Benchmark-Programm.

Die Geschwindigkeitsprüfung ist vor allem dann sinnvoll, wenn Sie mehrere Flashspeicher, sprich (Micro-)SD-Karten, zur Verfügung haben, die alle in Sachen Kapazität für den Raspberry Pi ausreichend sind, Sie aber nicht wissen, welche schneller ist. Da die veröffentlichten Betriebssystem-Images für den Raspberry Pi eine 2 GByte große Karte benötigen und entsprechend große Partitionen vorhalten, sollte diese Größe das Minimum darstellen. Voraussetzung für diesen Benchmark sind Administratorrechte unter Windows. Navigieren Sie zum Programmpfad, klicken Sie mit der rechten Maustaste auf die Programmdatei und wählen Sie die Option *Als Administrator ausführen* aus.

1.2.3 Bildschirm: HDMI, FBAS oder nichts

Für den Anschluss an einen Bildschirm bietet der Raspberry Pi je nach Modell entweder einen HDMI-Anschluss oder einen Mini-HDMI-Anschluss und alternativ einen FBAS-Anschluss an, der jedoch bei dem Raspberry Pi Zero nicht mit einer Buchse bestückt ist. Der „normale" Raspberry Pi hat im Gegensatz dazu den größeren Standard-HDMI-Anschluss an Bord. Je nach vorgesehenem Anwendungszweck ist der Betrieb auch ohne angeschlossenen Bildschirm möglich, etwa für die Steuerung einer Klingelanlage oder einer Videoüberwachung etc., wenn der Raspberry Pi ausschließlich Steuer- oder Kontrollaufgaben erledigen soll.

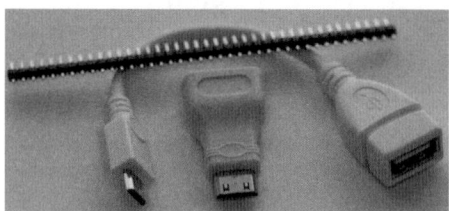

Zubehör für den Raspberry Pi Zero: Für die Kopplung mit einem TV- oder Computerbildschirm benötigen Sie einen Mini-HDMI-Adapter (Mini-HDMI-Stecker nach HDMI-Buchse), der dem Raspberry Pi Zero Kit mit dem Micro-USB-Adapter als Zubehör beiliegt.

Der Anschluss an den Bildschirm erfolgt beim Raspberry Pi Zero mittels des Mini-HDMI-Adapters über ein gewöhnliches HDMI-Kabel. Die Bildschirmkonfiguration nehmen Sie über die Einrichtungsdialoge der GUI vor – alternativ ist das aber auch über die Konfigurationsdatei `config.txt` möglich, die sich auf der FAT32-Partition der Micro-SD-Speicherkarte befindet. Neben dem Multimedia-Einsatz via OpenELEC-Streaming-Box oder als Game-Konsole, wo der Raspberry Pi direkt per HDMI-Anschluss an ein TV angeschlossen wird, ist der Raspberry Pi für Hintergrunddienste wie AirPrint, AirPlay etc. bestens geeignet und kommt ohne Bildschirm und Tastatur aus.

1.2.4 Tastatur

Für die erstmalige Inbetriebnahme und Konfiguration ist eine „normale" 105-Tasten-Kabeltastatur mit USB-Anschluss empfehlenswert. Natürlich lassen sich grundsätzlich auch Funktastaturen verwenden, deren Empfängermodul benötigt jedoch gegebenenfalls einen zusätzlichen Treiber, der bei der Ersteinrichtung noch nicht zur Verfügung steht. Oft haben USB-Tastaturen einen USB-Hub integriert, an den sich weitere Geräte wie beispielsweise eine USB-Maus anschließen lassen. Je nach späterem Anwendungszweck kann der Raspberry Pi nach der Einrichtung komplett auf die klassische Tastatur und eine Maus verzichten – bei einem SmartTV-Ersatz beispielsweise reicht eine gewöhnliche TV-Fernbedienung zur Steuerung aus.

1.2.5   Maus

Die Maus mit USB-Anschluss ist gerade bei der Ersteinrichtung über die grafische LXDE-Oberfläche ein Segen. Wie bei der Tastatur gilt auch hier: Bei der Einrichtung ist nicht zuletzt aus Kompatibilitäts- und Treibergründen die kabelgebundene Version der kabellosen vorzuziehen. Nach der Einrichtung des Systems wird der Raspberry Pi aus der Ferne, also remote, über das Netzwerk gesteuert – die Maus wird dann wieder vom USB-Hub bzw. der USB-Buchse des Raspberry Pi abgezogen.

1.2.6   Bluetooth-USB-Dongle

Für die Kopplung von Maus und Tastatur, aber auch in einem möglichen späteren Projekt mit einem Smartphone oder einem anderen Computer, ist ein Bluetooth-USB-Dongle sehr praktisch. Neuere Modelle kommen in einer sogenannten Nano-Bauweise und lassen sich platzsparend vollständig in die USB-Buchse einführen, bei dem Raspberry Pi 3 Modell B ist das Bluetooth-Modul bereits mit an Bord.

1.2.7   USB-WLAN-Dongle

Oftmals reicht nach der Ersteinrichtung des Raspberry Pi Zero die einzige vorhandene USB-Buchse für die Praxis aus – für die Verbindung zur Außenwelt ist meist der kleine USB-WLAN-Stick eine praktische Alternative.

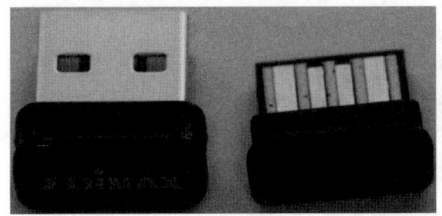

WLAN- und Bluetooth-Dongle im Vergleich: Beide erweitern die älteren Raspberry-Pi-Modelle mithilfe eines USB-Hubs um weitere Schnittstellen.

Wichtig ist der verbaute Chipsatz des WLAN-Sticks, damit die eingebaute Treiberunterstützung im Kernel des Raspbian-Systems sichergestellt ist. Bei dem Raspberry Pi 3 Modell B ist der WLAN-Chip bereits auf der Platine.

1.2.8   USB-LAN-Netzwerkadapter

Alternativ oder gegebenenfalls zusätzlich – falls mehrere Netzwerkanschlüsse benötigt werden – nutzen Sie an einem Raspberry Pi einen USB-Ethernet-Adapter wie beispielsweise den Netzwerkadapter Assmann DN-10050-1 Digitus, der einen kabelgebundenen Netzwerkanschluss für das IO-Board zur Verfügung stellt und standardmäßig vom Kernel unterstützt wird.

Natürlich können Sie alternativ auch einen WLAN-Adapter nutzen, generell gilt jedoch: Kabelgebundenes LAN ist meist schneller – und je nach Aufstellungsort ist nicht immer WLAN verfügbar.

1.2.9 pHAT – Raspberry Pi per Shield erweitern

Egal welche pHAT-Erweiterung zum Einsatz kommt, für die Installation ist ein aktualisiertes Raspberry-Pi-System sinnvoll. Mit der nachstehenden Kommando-folge bringen Sie den Raspberry Pi auf den aktuellsten Stand – eine funktionie-rende Netzwerk- und Internetverbindung vorausgesetzt.

```
001  sudo su
002  apt-get update
003  apt-get upgrade
```

Allen vorgestellten pHAT-Erweiterungen ist gemeinsam, dass sie noch mit den 2 × 20-Pfostenbuchsen am GPIO-Anschluss verlötet werden müssen, was für geübte Finger kein größeres Problem darstellt und mit einer passenden Lötstation oder einem geeigneten Lötkolben in rund 10 Minuten erledigt sein sollte. Während die Pins bei einem Raspberry Pi 2 oder dem Raspberry Pi 3 bereits vorhanden sind, muss die 2-×-20-Pinleiste bei einem Raspberry Pi Zero ebenfalls verlötet werden, damit die pHAT-Erweiterung bequem auf der GPIO-Buchse gesteckt werden kann.

Sind die Lötstellen der pHAT-Erwei-terung abgekühlt, keine „Lötbomben" vorhanden und die gelöteten Kontakt-Pins elektrisch ein-satzbereit, steht die GPIO-Schnittstelle auf dem Raspberry Pi 3 zur Verfügung.

Generell kommt das I2C-Protokoll nicht nur wie in diesem Beispiel für pHAT-Aufsteckmodule wie eine Soundkarte etc. zum Einsatz, sondern wird auch für LED-Displays, Sensoren, Motor-Shields und vieles mehr verwendet. Im Jahr 2015 hat sich bei Linux im Allgemeinen und bei Raspbian im Speziellen einiges getan: Raspbian nennt sich nun Jessie und bringt in der aktuellen Version die standardmäßig aktivierte Device-Tree-Architektur mit, die dafür sorgt, dass vorhandene Schaltungen und Programme erst einmal nicht mehr funktionieren.

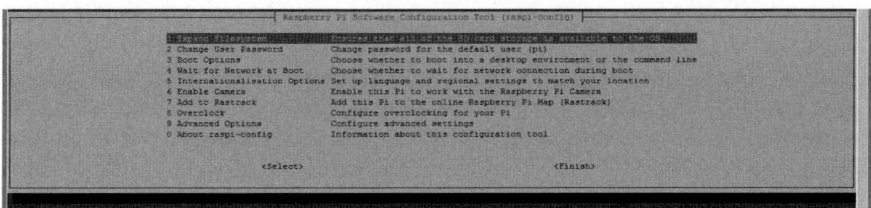

Wer sich nicht mit Konfigurationsdateien beschäftigen möchte, kann die grundlegenden Schnittstellen mit administrativen root-Rechten auch mit dem Werkzeug raspi-config erledigen.

Ist das Werkzeug raspi-config gestartet, navigieren Sie über den Eintrag *Advanced Options* zu den erweiterten Einstellungen. Dort schalten Sie das I2C-Interface ein und beantworten beide Nachfragen *Would you like the ARM I2C interface to be enabled?* und *Would you like the I2C kernel module to be loaded by default?* mit dem Eintrag *Ja/Yes*. Damit werden im Hintergrund automatisch /etc/modprobe.d/ raspi-blacklist.conf und /etc/modules angepasst. Weitere Hintergründe und Praxis-Know-how dazu finden Sie im Abschnitt „1.1.4 Device-Tree-Optionen in der config.txt".

2 RASPBERRY PI EINRICHTEN UND KONFIGURIEREN

Bei der Ersteinrichtung Schritt für Schritt zum perfekten System: Wer den kleinen Raspberry Pi maßgeschneidert zu Hause im Heimnetz oder am Fernseher in Betrieb nehmen will, passt ihn zunächst dem Einsatzzweck und dem nötigen Zubehör an. Grundsätzlich haben Sie es hier mit Konfigurationsdateien und vielen Parametern zu tun, und vieles ist für die meisten erst einmal Neuland. Doch Sie haben nun die Möglichkeit, dazuzulernen und beispielsweise verschiedene Linux-Kommandos in der Konsole dafür auszuprobieren. Damit nehmen Sie direkt Einfluss auf die vorhandenen Programme und Dienste, beispielsweise die Spracheinstellungen und die Tastatur, aber auch später auf die Einrichtung des Netzwerks und vieles mehr.

Grundsätzlich gehen Sie wie folgt vor: Nach dem Zusammenbau bzw. Einstecken der nötigen Komponenten des Raspberry Pi und dem Befüllen der Micro-SD-Karte mit der aktuellsten Image-Datei (*https://downloads.raspberrypi.org/ raspbian_latest*) folgt die Inbetriebnahme. Der Raspberry Pi bootet in der Desktopversion (*Full desktop image based on Debian Jessie*) direkt in die grafische Oberfläche (GUI-Modus). Für die Ersteinrichtung sind daher mindestens ein angeschlossener Bildschirm über die (Mini-)HDMI-Buchse sowie eine Maus und eine Tastatur nötig. Da der Raspberry Pi Zero lediglich eine Micro-USB-Buchse zum Anschluss von USB-Geräten bereitstellt, ist bereits hier der Einsatz eines aktiven USB-Hubs notwendig – die großen Brüder wie Raspberry Pi 2 oder Raspberry Pi 3 Modell B bringen vier USB-Anschlüsse mit. Für die Verbindung zur Außenwelt – dem Heimnetz oder dem Internet – ist zudem eine Netzwerkverbindung erforderlich, die bei dem Raspberry Pi Zero ebenfalls über die USB-Buchse hergestellt werden kann. Hier haben Sie die Wahl zwischen einem USB-WLAN-Dongle und einem kabelgebundenen LAN-Adapter, die jeweils ebenfalls eine Buchse im USB-Hub benötigen. Der Raspberry Pi 2 und der Raspberry Pi 3 bringen eine eigene LAN-Buchse mit, der Raspberry Pi 3 hat zusätzlich eine WLAN- und Bluetooth-Schnittstelle auf der Platine verbaut, was wiederum USB-Steckplätze einspart. Sind die hardwareseitigen Voraussetzungen geschaffen, muss die Micro-SD-Karte für den Raspberry Pi präpariert werden.

2.1 Für Einsteiger: mehrere Betriebssysteme zum Ausprobieren

Generell wird in diesem Buch, auf den einschlägigen Webseiten zum Thema Raspberry Pi und auch in der Literatur meist das empfohlene Raspbian-Betriebssystem verwendet. War im Jahr 2015 das auf Debian basierende Wheezy noch State of the Art, ist mittlerweile der Nachfolge Jessie die Basis des aktuellen Raspbian-Images, das bei den Raspberry-Pi-Machern verfügbar ist. Als Alternative für Einsteiger steht dort auch das NOOBS-Image (*New Out Of the Box Software*) zum Download bereit, das durch den integrierten Bootmanager beim Start des Raspberry Pi ein Auswahlmenü zur Verfügung stellt, in dem die verfügbaren Betriebssysteme für den Raspberry Pi dargestellt werden. Nach dem Entpacken markieren Sie den gesamten Inhalt der Archivdatei und kopieren ihn auf die leere FAT32-formatierte Micro-SD-Karte.

Um nun das NOOBS-Basis-Image auf die Micro-SD-Speicherkarte des Raspberry Pi zu bekommen, laden Sie zunächst per Klick auf den Link *NOOBS (offline and network install)* die aktuellste Version der NOOBS-Archivdatei vom Download-Bereich der Raspberry Pi Foundation auf den Computer. Entpacken Sie diese Datei und nutzen Sie gegebenenfalls zuvor die Betriebssystemfunktionen, um die eingelegte Micro-SD-Karte zu leeren und zu formatieren. Als Dateisystem ist dort zunächst das kompatible FAT32-Dateisystem für die im Computer eingelegte Speicherkarte auszuwählen. Im nächsten Schritt kopieren Sie die entpackten Dateien des NOOBS-Basis-Images samt Ordnerstruktur auf die Micro-SD-Karte. Empfehlenswert für den Raspberry Pi 3 und Konsorten ist eine schnelle Micro-SD-Karte mit mindestens 8 GByte Kapazität.

2.1.1   NOOBS – der erste Start

Schieben Sie die Micro-SD-Karte mit dem installierten NOOBS-Image in den Speicherkartenslot des Raspberry Pi. Ist die Raspberry-Pi-Platine mit Tastatur, Maus, Bildschirm, Netzwerk und USB-Spannungsversorgung verbunden, steht nach wenigen Sekunden auf dem Bildschirm ein Auswahlmenü bereit, in dem Sie per Maus auswählen können, welche Betriebssysteme auf der Speicherkarte installiert werden sollen. Per Klick auf die *Install*-Schaltfläche werden sie über die Netzwerkverbindung online heruntergeladen und auf dem Raspberry Pi installiert. Mit der Installation werden alle bisher installierten Systeme auf der Micro-SD-Speicherkarte überschrieben. Auch in dieser Umgebung wird das Raspbian-Betriebssystem von der Raspberry Pi Foundation empfohlen.

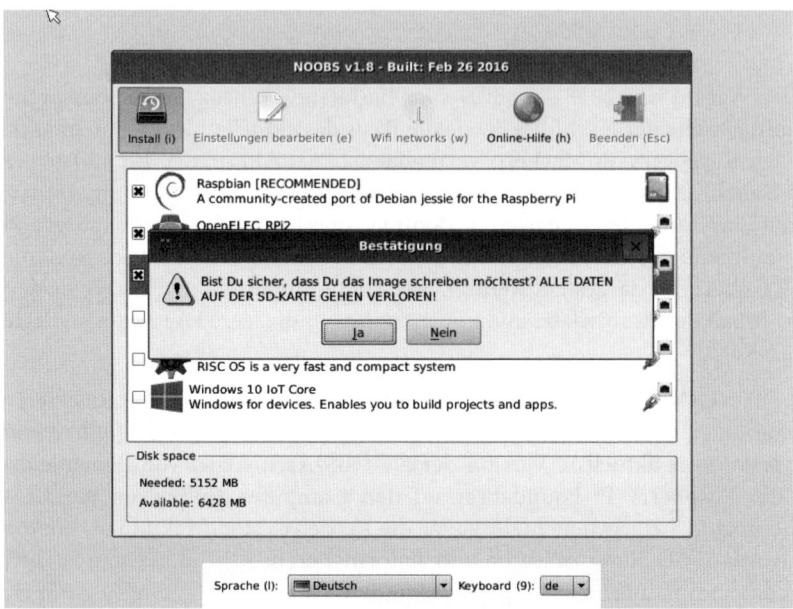

In diesem Dialog bestätigen Sie die vorherige Auswahl der zu installierenden Betriebssysteme sowie die Festlegung von Dialogsprache und Tastatur (Keyboard).

Nach der Auswahl des Betriebssystems per Mausklick wird in diesem Fall die Installation von Raspbian über den NOOBS-Umweg angestoßen, die abhängig von der Internetbandbreite einige Minuten dauern kann. Beim ersten Start von Raspbian wird das raspi-config-Konfigurationswerkzeug geladen, mit dem sich beispielsweise Datum, Uhrzeit sowie Tastatur- und Regionseinstellungen vornehmen lassen, ein optionales Raspberry-Pi-Kameramodul aktivieren lässt und vieles mehr. Mit den Pfeiltasten und der Tab -Taste navigieren Sie im raspi-config-Konfigurationswerkzeug, mit der Enter -Taste bestätigen Sie die Auswahl und beenden zu guter Letzt auch die Konfigurationsseiten. Das raspi-config-Werkzeug steht in der GUI-Umgebung ebenfalls zur Verfügung.

Nach der eigentlichen Installation steht eine Art Bootmanager zur Verfügung, mit dem sich das gewünschte Betriebssystem für den Raspberry Pi auswählen lässt. Anschließend startet der Bootmanager das Betriebssystem auf gewohnte Weise.

Gerade bei „kleineren" Speicherkarten ergibt es dauerhaft nicht wirklich Sinn, mehrere Betriebssysteme gleichzeitig zu fahren. Aus diesem Grund sollten Sie sich irgendwann auf eine Umgebung und einen Einsatzzweck für den Raspberry Pi festlegen. Dafür stehen auf der Raspberry-Pi-Projektseite die Image-Dateien bzw. die dazugehörigen Download-Links der entsprechenden Betriebssysteme zur Verfügung.

2.2   Für Fortgeschrittene: Image auswählen und auf Micro-SD-Karte installieren

Für die Auswahl und Installation des passenden Betriebssystems für den Raspberry Pi stellt die stetig wachsende Netzgemeinde kostenlos und unverbindlich passende Images zur Verfügung. Die Download-Adressen der verschiedenen Betriebssystem-Images für den Raspberry Pi sind auf *www.raspberrypi.org/downloads* verlinkt.

Auf den ersten Blick erschließt sich für den Einsteiger nicht, was sich jeweils hinter der Distribution und der Multimedia-Center-Zusammenstellung verbirgt. Selbst eingefleischte, fortgeschrittene Linux-Profis tun sich schwer, die Unterschiede, gerade bei den Kodi/XBMC-Builds, zu bewerten. Zudem hat jeder Anwender bekanntlich seine eigenen Vorlieben, doch mit dem Einsatz des Raspbian/Debian-Images auf Ihrem Raspberry Pi machen Sie zunächst nichts verkehrt, es gehört inzwischen zu den beliebtesten Betriebssystemen auf dem Raspberry Pi.

Alle paar Wochen werden auf den einschlägigen Raspberry-Pi-Seiten wie *www. raspberrypi.org/download* neue Versionen der Image-Dateien veröffentlicht – in diesem Beispiel kommt das Jessie-Raspian-Paket vom 26.02.2016 zum Einsatz. Es lässt sich später im laufenden Betrieb in wenigen Augenblicken auf den neuesten Stand bringen – daher ist das Herunterladen und Installieren der Image-Datei auf die Micro-SD-Speicherkarte eine einmalige Sache.

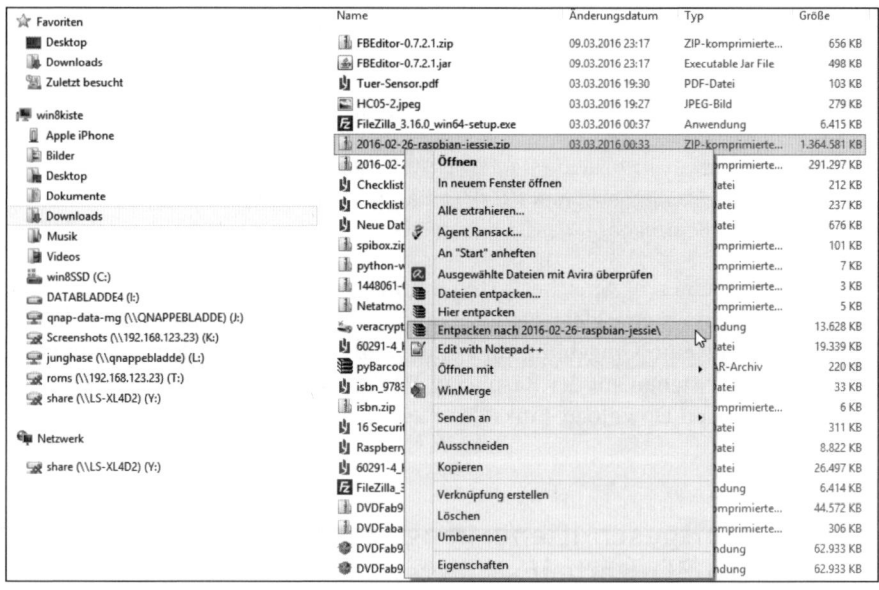

Egal ob Windows, Mac OS oder Linux – das Karten-Image für den Raspberry Pi landet zunächst in komprimierter Form auf dem Computer, wird entpackt und schließlich mit einem Image-Transferbefehl bzw. -Programm Bit für Bit auf die verwendete Micro-SD-Karte übertragen.

Bei einem Windows-Computer sollten Sie darauf achten, nach der erfolgreichen Übertragung des Raspberry-Pi-Images die Speicherkarte mit Windows-Bordmitteln per Kontextmenübefehl *Auswerfen* ordnungsgemäß aus der Systemumgebung zu entfernen, um etwaigen Schreibabbrüchen und somit Dateisystemfehlern vorzubeugen.

2.2.1   Spätere Inbetriebnahme: root oder pi?

Wurde das Betriebssystem frisch installiert und sind noch keine Tastatur- und Sprachanpassungen vorgenommen worden, erfolgt die Erstanmeldung mit Standardbenutzer und Standardkennwort – je nach verwendetem Betriebssystem in unterschiedlicher Weise.

BETRIEBSSYSTEM/IMAGE	STANDARDBENUTZER	STANDARDKENNWORT
Debian Jessie/Wheezy/ Squeeze	pi	raspberry
Raspbian	root	raspbian
OpenELEC	root	openelec
Raspbmc	pi	raspberry
Arch Linux	root	root

Ist beispielsweise der SSH-Server auf dem Raspberry Pi abgeschaltet, ist eine Steuerung des Raspberry Pi möglich, sofern Tastatur und Bildschirm angeschlossen sind. Wegen der voreingestellten EN/US-Tastatur liegt der Buchstabe „y" des Passworts raspberry auf der angeschlossenen deutschen Tastatur noch auf dem Buchstaben „z". In diesem Fall nutzen Sie das Kennwort raspberrz. Egal welches Image bzw. Betriebssystem Sie einsetzen, nach dem erstmaligen Anmelden am Raspberry Pi sollten Sie das Kennwort des Benutzers mit dem passwd-Kommando ändern. Damit sorgen Sie für eine größere Sicherheit im Alltag.

2.2.2   Via Mac-OS-X-Konsole: Raspberry-Image aufspielen

Ist die Speicherkarte beispielsweise in einen Mac-Computer eingesteckt, öffnen Sie ein Terminalfenster. Mit dem Befehl

```
df -h
```

prüfen Sie nicht nur die Speicherkapazität, Sie erfahren auch, welches Block-Device für die SD-Speicherkarte zuständig ist. Im nachfolgenden Beispiel ist die eingelegte SD-Karte das Gerät an /dev/disk3s1. Passen Sie dieses bei den nachfolgenden Befehlen an Ihre Umgebung an. Nun können Sie die SD-Speicherkarte per Terminalkommando wieder aushängen:

```
sudo diskutil umount /dev/disk3s1
```

Merken Sie sich, dass es sich bei der Speicherkarte um `disk6s1` handelt.

```
MacBook-Pro:Downloads mg$ df -h
Filesystem          Size   Used  Avail Capacity    iused     ifree %iused  Mounted on
/dev/disk1          930Gi  556Gi 374Gi      60% 145802532  98054810    60%  /
devfs               183Ki  183Ki   0Bi     100%       633         0   100%  /dev
map -hosts            0Bi    0Bi   0Bi     100%         0         0   100%  /net
map auto_home         0Bi    0Bi   0Bi     100%         0         0   100%  /home
//pi@rairprint/pi   6.7Gi  5.6Gi 1.1Gi      84%   5899366   1162648    84%  /Volumes/pi
/dev/disk3s1         15Gi  2.4Mi  15Gi       1%         0         0   100%  /Volumes/NO NAME
MacBook-Pro:Downloads mg$ ▮
```

Zunächst prüfen Sie mit dem `df -h`-Befehl, auf welchem Pfad die Speicherkarte eingehängt ist. Anschließend werfen Sie die Karte per `umount`-Befehl aus der Liste der eingehängten Speicher heraus. Dafür fordert Mac OS das administrative Kennwort des Geräts an.

Im nächsten Schritt entpacken Sie schon mal das heruntergeladene Debian-Jessie-Image für den Raspberry Pi. In der Regel legt das Archivierungsprogramm im selben Verzeichnis, in dem sich die ZIP-Datei befindet, ein gleichnamiges Verzeichnis an, in dem Sie anschließend den Inhalt der Archivdatei finden. Alternativ entpacken Sie mit dem `unzip`-Kommando die Archivdatei auf der Kommandozeile.

```
-rw-r-----@   1 mg   staff    68330030 29 Dez 21:02 mediathekview_10.dmg
drwxr-xr-x+  31 mg   staff        1054 29 Dez 21:04 ..
-rw-r-----@   1 mg   staff    35326959 29 Dez 21:05 vlc-2.2.1.dmg
-rw-r--r--@   1 mg   staff  2668882540 29 Dez 21:25 20151228 2345 - ZDF HD -Das finstere Tal.mp4
-rw-r-----@   1 mg   staff   392967934  3 Jan 14:14 2015-11-21-raspbian-jessie-lite.zip
-rw-r-----@   1 mg   staff  1426022927  3 Jan 14:28 2015-11-21-raspbian-jessie.zip
drwx------+ 125 mg   staff        4250  3 Jan 14:28 .
MacBook-Pro:Downloads mg$ unzip 2015-11-21-raspbian-jessie.zip
Archive:  2015-11-21-raspbian-jessie.zip
  inflating: 2015-11-21-raspbian-jessie.img
MacBook-Pro:Downloads mg$ ▮
```

Nach wenigen Augenblicken liegt die ZIP-Archivdatei in einem eigenen Verzeichnis zur weiteren Verwendung entpackt bereit.

In dem Verzeichnis liegt das komplette Speicherkarten-Image des Raspian-Systems, vorgesehen für eine Speicherkartengröße von 2 GByte. Auch wenn Sie eine größere Speicherkarte einsetzen, verwenden Sie zunächst diese Image-Datei. Das Anpassen des freien Speicherplatzes erfolgt erst, nachdem das Image per Kommandozeile auf die Micro-SD-Karte übertragen worden ist. Für das Kopieren der IMG-Datei verwenden Sie auf der Kommandozeile des Mac den `dd`-Befehl – für das Ziellaufwerk ist hier, wie oben festgestellt, `disk3` das richtige. Für den Raw-Zugriff nutzen Sie das Gerät `/dev/rdisk3`:

```
001  sudo diskutil umount /dev/disk3s1
002  sudo dd bs=1m if=~/Downloads/2015-11-21-raspbian-jessie.img of=/
     dev/rdisk3
003  sudo diskutil eject /dev/disk3s1
```

Das Übertragen des Images auf die SD-Karte via `dd`-Befehl dauert einige Minuten.

```
MacBook-Pro:Downloads mg$ sudo dd bs=1m if=~/Downloads/2015-11-21-raspbian-jessie.img of=/dev/rdisk3
3752+0 records in
3752+0 records out
3934257152 bytes transferred in 351.204192 secs (11202193 bytes/sec)
MacBook-Pro:Downloads mg$ sudo diskutil eject /dev/disk3s1
```

Nach dem Schreiben auf die Speicherkarte ist sie aus der Mac OS-Umgebung ordnungsgemäß zu entfernen.

Ist die Speicherkarte erfolgreich beschrieben und aus dem Mac entfernt, können Sie sie in den Speicherkartenslot einführen und den Raspberry Pi in Betrieb nehmen.

2.2.3   Windows: das USB Image Tool im Einsatz

Ein ähnlich bequemes Kommandozeilenwerkzeug wie dd aus der Unix-Welt ist für Windows leider nicht standardmäßig an Bord. Um unter Windows die Image-Datei auf die SD-Karte zu übertragen, steht das „USB Image Tool" zur Verfügung. Es ist direkt beim Autor unter der URL *www.alexpage.de/usb-image-tool/ download/* kostenlos erhältlich, der sich über jede Spende per *Donate*-Schaltfläche freut. Das Tool selbst benötigt unter Windows die DotNet-(.Net-)Umgebung, die in der Regel auf einem zeitgemäßen Windows-System auch installiert sein sollte. Falls nicht, muss .Net zunächst bei Microsoft (*www.microsoft.com/downloads/details. aspx?FamilyID=ab99342f-5d1a-413d-8319-81da479ab0d7&displaylang=en*) geladen und installiert werden, damit das USB Image Tool in Betrieb gehen kann.

Backup mit dem USB Image Tool

Um beispielsweise ein Backup der kompletten SD-Karte unter Windows anzufertigen, legen Sie die SD-Karte in den SD-Kartenslot bzw. den entsprechenden Adapter und starten das USB Image Tool im Admin-Modus (Programmdatei suchen, rechte Maustaste und im Kontextmenü *Als Administrator ausführen* auswählen).

Nach dem Start des Programms wählen Sie im linken Fensterbereich das USB-Laufwerk aus und klicken rechts unten auf die *Backup*-Schaltfläche. Beachten Sie, dass die Speichergröße des Speicherkarten-Backups naturgemäß auch der Kapazität der eingelegten Karte entsprechen muss. Dies kann bei Speicherkarten größer als 4 GByte womöglich Probleme bereiten, falls die Sicherung auf einem betagten Dateisystem abgelegt werden soll.

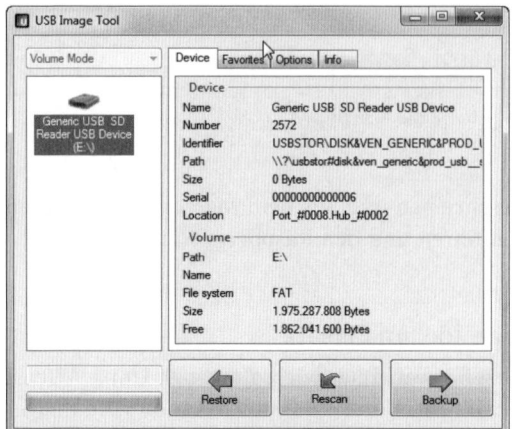

Nicht nur das Schreiben, sondern auch das Sichern ganzer Wechseldatenträger beherrscht das USB Image Tool – ideal, wenn ein Snapshot des Raspberry-Pi-Systems auf dem Computer gesichert werden soll.

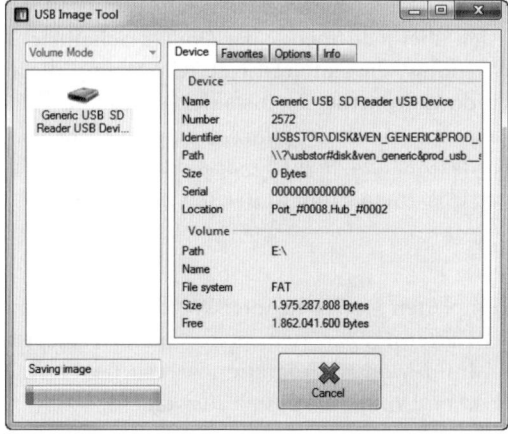

Das USB Image Tool sichert den kompletten Inhalt des USB-Sticks in eine Image-Datei auf der Festplatte.

Auch der umgekehrte Fall, das Schreiben einer Image-Datei auf die SD-Speicherkarte, erfordert nur ein paar Mausklicks und ist in wenigen Minuten erledigt.

Image auf SD-Card übertragen

Um beispielsweise das frisch geladene Jessie-Image mittels Adapter auf die eingelegte Micro-SD-Karte zu schreiben, ist unter Windows der Admin-Modus notwendig. Falls noch nicht geschehen, starten Sie das USB Image Tool im Admin-Modus, indem Sie die Datei mit der rechten Maustaste anklicken und im Kontextmenü *Als Administrator ausführen* auswählen. Anschließend wählen Sie das extrahierte Betriebssystem-Image des Raspian-Systems per Klick auf die *Restore*-Schaltfläche aus.

Nach dem Schreiben der Image-Datei ziehen Sie die Speicherkarte noch nicht aus dem Kartenschacht, sondern beenden vorher das USB Image Tool und wählen anschließend in der Taskleiste das *Hardware sicher entfernen*-Symbol aus. Dort selektieren Sie anschließend den Micro-SD-Kartendatenträger bzw. das entsprechende Laufwerk und beenden per Klick auf die *OK*-Schaltfläche den Betrieb der Micro-SD-Karte.

Der erste Start des Raspberry Pi

Sobald die Speicherkarte präpariert und in den Micro-SD-Kartenslot geschoben wurde und der Bildschirm über die (Mini-)HDMI-Buchse sowie die USB-Geräte und der USB-Hub angeschlossen sind, können Sie den Raspberry Pi zum ersten Mal einschalten. Dies erfolgt durch das Einstecken des USB-Stromanschlusses – einen eigenen Ein-/Ausschaltknopf bringt der Raspberry Pi auch im Jahr 2016 nicht mit.

RASPBERRY PI EIN- UND AUSSCHALTEN

Der Raspberry Pi selbst bzw. das Netzteil hat keinen Ein- oder Ausschaltknopf. Anfangs ziehen Einsteiger einfach den Stecker und machen den Raspberry Pi so stromlos. Sicherer für das Dateisystem auf der Speicherkarte ist es jedoch, das Betriebssystem mit den vorgesehenen Werkzeugen herunterzufahren und den Raspberry Pi über die Software auszuschalten. Auf der Konsole reicht der Befehl shutdown -h now aus. Auf der grafischen Benutzeroberfläche wählen Sie den roten Ausschaltbutton – alternativ gibt es im Startmenü auch die *Abmelden*-Schaltfläche.

1 Beim Bootvorgang werden auf dem schwarzen Bildschirm zunächst die Systemmeldungen angezeigt – hier brauchen Sie nichts zu tun, außer einen kurzen Moment zu warten.

2 Nach dem Bootvorgang erscheint die aufgeräumte LXDE-Benutzeroberfläche. Diese richten Sie später nach Ihren persönlichen Vorlieben und dem Einsatzzweck ein. Die GUI wird am besten mit einer Maus und der Tastatur bedient. Zumindest bei der Ersteinrichtung sollten diese beiden Geräte am Micro-USB-Anschluss über einen USB-Hub angeschlossen sein, damit die wichtigsten Grundeinstellungen vorgenommen werden können.

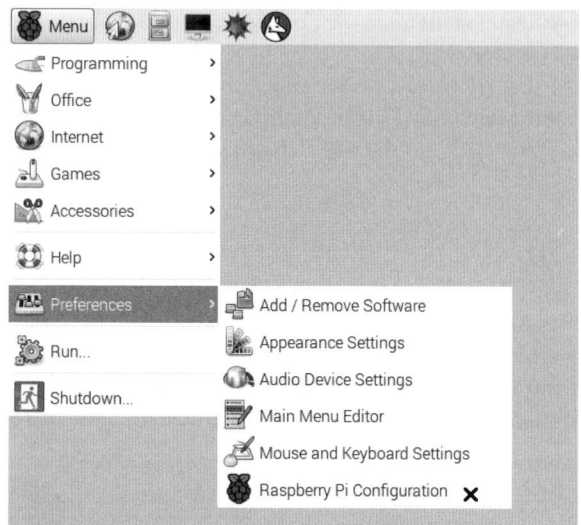

Die Menüleiste ist oben links am Bildschirm angedockt. Die Default-Einstellung der Tastatur und der grafischen Oberfläche für die Sprache ist standardmäßig Englisch.

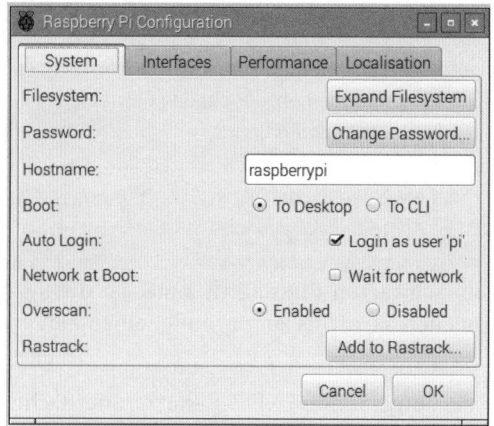

Die grafische Alternative zum Konfigurationstool raspi-config auf der Kommandozeile.

3 Grundsätzlich ist direkt nach dem ersten Start das Volumen der Speicherkarte für das Betriebssystem anzupassen. Es ist egal, welche Größe die eingelegte Speicherkarte hat, denn per Klick auf die *Expand Filesystem*-Schaltfläche wird die zweite Datenpartition vollständig auf das gesamte Volumen expandiert. Damit ist sichergestellt, dass Ihnen auch die gewünschte Speichergröße für die „Festplatte" des Raspberry Pi zur Verfügung steht. Bevor Sie anfangen, neue Software oder Updates einzuspielen, starten Sie den Raspberry Pi vorsichtshal-

ber neu, damit der vergrößerte Speicherplatz dem Raspberry-Pi-System auch umgehend zur Verfügung steht.

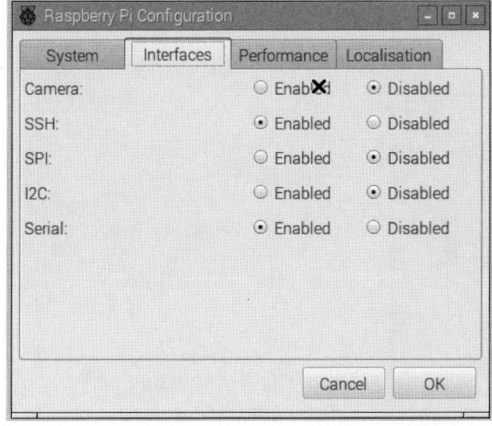

Im Register *Interfaces* schalten Sie die entsprechenden Schnittstellen für den Zugriff frei. Die *SSH*-Schnittstelle ist ab Werk bereits aktiviert – damit ist über einen Computer per Netzwerk die Steuerung aus der Ferne möglich.

4   Prüfen Sie die Schnittstellen und ändern Sie sie gegebenenfalls. Standardmäßig ist bei dem aktuellen Image bereits der praktische *SSH*-Zugriff eingeschaltet. Eine Raspberry-Pi-Kamera bzw. der Kameraanschluss ist bei dem Raspberry Pi Zero technisch nicht möglich – die *SPI*- und *I2C*-Anschlüsse befinden sich auf der 40-poligen GPIO-Pinleiste und müssen bei Bedarf über eine aufgelötete Stiftleiste herausgeführt werden.

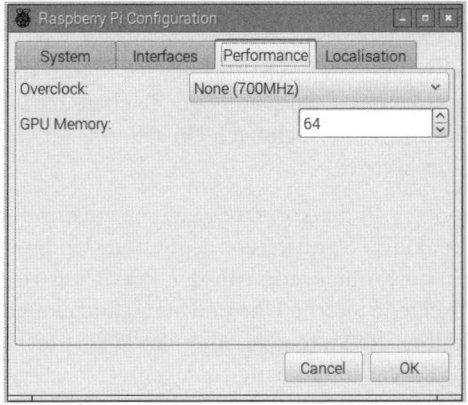

Im Register *Performance* finden Sie eine einfache Möglichkeit, den Raspberry Pi zu übertakten. Damit läuft der Prozessor etwas schneller, benötigt aber mehr Spannung und produziert auch etwas mehr Abwärme.

5 Schneller geht immer: Dafür bietet der Raspberry Pi in der GUI einen bequemen Übertaktungsmodus an. Für den Start lassen Sie den CPU-Takt auf dem Standardwert – je nach späterem Einsatzzweck, beispielsweise als Spiele-, Streaming- oder TV-Server, kann das Übertakten jedoch mehr Leistung aus der kleinen Platine herauskitzeln.

Über die GUI-Konfiguration im Register *Localisation* passen Sie Sprache, Region/Land und gegebenenfalls Zeichensatz an Ihre Umgebung an.

6 Nicht nur Linux bzw. die LXDE-Oberfläche, sondern auch die Anwendungen selbst lassen sich mit unterschiedlichen Sprachen und Zeichensätzen verwenden. Grundsätzlich ist die verwendete Tastatur auf das Betriebssystem abgestimmt – und deshalb ist es auch eine gute Idee, dass die Tastatur die gleiche Sprache bzw. den gleichen Zeichensatz wie das Betriebssystem verwendet. Um den Raspberry Pi auf die deutsche Umgebung und die deutsche Tastatur umzustellen, wählen Sie zunächst über die Schaltfläche *Set Locale* die gewünschte Sprache aus dem Drop-down-Feld aus. Für den Zeichensatz ist der UTF-8-Zeichensatz voreingestellt und sollte auch nach Umstellung auf die deutsche Systemumgebung beibehalten werden.

7 Es ist immer sinnvoll, bei dem Raspberry Pi die korrekte Zeitzone einzurichten – spätestens bei dem Versuch, über HTTPS Software- oder System-Updates zu beziehen, kann sich eine fehlerhafte Konfiguration in der Praxis auswirken. Da der Raspberry Pi Zero keine eigene interne Uhr und somit auch keine Uhrenbatterie auf der Platine hat, holt er die Systemzeit über das NTP-Protokoll aus dem Internet. Für den NTP-Server bzw. für den aktiven NTP-Client ist es wichtig, zu wissen, welche Zeitzone anzusprechen ist – daher wählen Sie *Europa* und dann *Berlin* aus, damit er aktuell das korrekte Datum und die richtigen Zeitinformationen verwendet.

8   Zu guter Letzt konfigurieren Sie den Raspberry Pi so, dass er mit einer am USB-Aschluss angeschlossenen deutschen Tastatur zurechtkommt. Es kann gerade bei der Kennworteingabe nervig sein, wenn statt des Kennworts raspberry immer raspberrz geschrieben werden muss. Wählen Sie im Menü *Set Keyboard* aus. Navigieren Sie dann im linken *Country*-Fensterbereich zu *Deutschland* – im rechten Fenster stehen Ihnen zahlreiche verschiedene Tastaturlayouts zur Verfügung. In der Regel verwenden Sie eine normale PC-Tastatur – daher ist der Treiber für die *Generische PC-Tastatur mit 105 Tasten (Intl)* die richtige Einstellung. Suchen Sie in der *Variant*-Liste die einfache deutsche Tastatur *Deutsch* bzw. *German*.

9   Erscheinen weitere Konfigurationsbildschirme, wählen Sie für die Tastatur *Standard für die Tastaturbelegung* und *Keine Compose-Taste*. Zu guter Letzt stimmen Sie der Konfiguration zu, damit die Tastenkombination `Strg`+`Alt`+`Rück` (`Ctrl`+`Alt`+`Backspace`) den X-Server beenden kann. Damit ist sichergestellt, dass die grafische Benutzeroberfläche per „Affengriff" beendet werden kann, sollte sie einmal einfrieren. Sind die Grundeinstellungen vorgenommen, fordert das Konfigurationstool einen Neustart des Systems – in der Regel ist das umgehend bei der Repartitionierung der Speicherkarte nötig.

Für die deutsche Tastatur nötig: Über das Konfigurationstool legen Sie die Sprache und das Tastaturlayout fest.

Wird der Raspberry Pi vorwiegend auf der Kommandozeile verwendet – und nicht über die grafische LXDE-GUI –, nehmen Sie die Sprach- und Tastatureinstellungen über die Kommandozeile mit dem Werkzeug raspi-config vor.

2.2.4 Man schreibt deutsch: Konsoleneinstellungen anpassen

Sollte der Raspberry Pi nach dem erstmaligen Start keine GUI anzeigen, können Sie die Konfiguration auf der Kommandozeile per Eingabe von

```
sudo raspi-config
```

manuell starten, um die Ersteinrichtung vorzunehmen.

SUDO FÜR DEN ADMINISTRATOR/ROOT

Wie im obigen Beispiel zu sehen, werden für systemnahe und administrative Änderungen am Betriebssystem sogenannte Superuser-Rechte benötigt. Diese werden durch das einem Linux-Befehl vorangestellte sudo angemeldet. Je nach eingesetztem Linux muss dann das Passwort des root-Benutzers eingegeben werden – bei dem hier genutzten Debian Jessie für den Raspberry Pi ist diese Passwortabfrage für den Superuser root abgeschaltet.

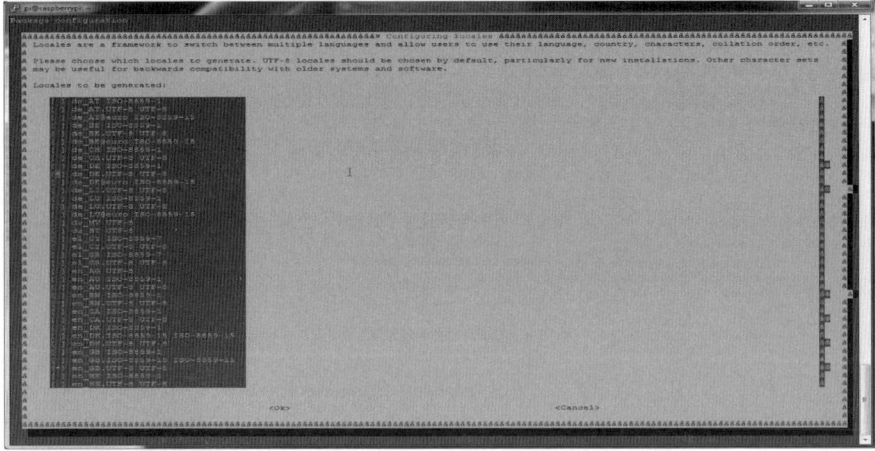

Dieser Eingriff zählt sowohl für die deutsche Tastaturbelegung der Tastatur – falls eine USB-Tastatur eingesteckt ist – als auch für die Codierung der Konsole via SSH.

Ist der englische/amerikanische Tastaturtreiber geladen, muss statt der Bindestrichtaste die Taste [8] verwendet werden, da derzeit noch die falsche Tastatureinstellung aktiv ist. Nach dem Start von raspi-config lässt sich mit den Pfeiltasten und der [Tab]-Taste in der textbasierten Benutzeroberfläche navigieren. Zunächst passen Sie die Konsoleneinstellungen an und stellen hier über den Menüpunkt change_locale die Standardeinstellungen der Lokalisierung auf Deutsch (de_ DE.UTF-8, de_DE.ISO-8859-1,de_DE.ISO-8859-15@euro) um.

Ist das Terminal auf die deutsche Sprache und die UTF-8-Codierung umgestellt, prüfen Sie das eingestellte Tastaturlayout des Raspberry Pi. Wählen Sie im Hauptmenü von raspi-config den Punkt configure_keyboard aus. Verbinden Sie sich vorwiegend von Ihrem Computer aus über SSH mit dem Raspberry Pi, ist die Auswahl der Tastatur Generic 105-key (Intl) PC zu empfehlen.

Um das Keyboard-Layout auf QWERTZ umzustellen, wählen Sie im darauffolgenden Dialog den Eintrag Other aus, um zur Sprachauswahl zu gelangen. Dort wählen Sie per Tab -Taste den OK-Eintrag aus.

Im darauffolgenden Dialog wählen Sie abermals German aus, nach dem Bestätigen mit OK erscheint ein Dialog, in dem Sie die Funktion der AltGr -Taste der Tastatur festlegen können. Hier wie bei der Konfiguration des sogenannten Compose Key behalten Sie die Standardeinstellungen bei.

Zu guter Letzt legen Sie Strg + Alt + Rück als Tastenkombination für das Beenden des X-Servers fest. Dies ist beim Raspberry Pi meist ohne Belang, wenn er ohne grafische GUI genutzt wird. Stellen Sie sicher, dass der Schalter boot_behaviour start desktop on boot? auf No eingestellt ist. Möchten Sie später vom textbasierten Terminal aus die grafische X11-Oberfläche starten, funktioniert das einfach über den Befehl startx in der Konsole.

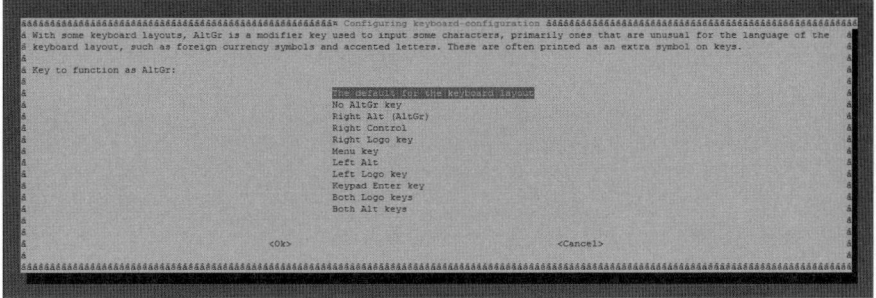

Neben der AltGr -Taste können Sie auch bei der Konfiguration des sogenannten Compose Key die Standardeinstellungen beibehalten.

Damit die Änderungen aktiv werden können, beenden Sie das raspi-config-Menü per Auswahl von Finish und starten im darauffolgenden Dialog bei Would you like to reboot now? mit Yes den Raspberry Pi neu. Möchten Sie den Neustart erst später vornehmen, können Sie das mit dem Kommando

```
sudo reboot
```

tun. Haben Sie den Fall, dass nach dem Reboot wieder das US-Keyboard auf dem Raspberry aktiv ist, prüfen Sie die Einstellungen der konfigurierten Tastatur mit dem Befehl:

```
sudo dpkg-reconfigure keyboard-configuration
```

Um nachträglich auf der Konsole erneut Änderungen an der Lokalisierung und der Zeitzone vorzunehmen, nutzen Sie die Befehle

```
sudo dpkg-reconfigure tzdata
sudo dpkg-reconfigure console-setup
```

um direkt die entsprechende Konfiguration zu starten. Erscheint beispielsweise beim Aktualisieren via apt-get upgrade des Betriebssystems die Meldung

```
001 Current default time zone: 'Europe/London'
002 Local time is now:   Thu Nov 30 18:27:42 GMT 2018.
003 Universal Time is now: Thu Nov 30 18:27:42 UTC 2018.
004 Run ‚dpkg-reconfigure tzdata' if you wish to change it.
```

verlassen Sie umgehend die britische Insel und kehren nach der Neukonfiguration nach ‚Europe/Berlin' zurück.

Bunt gemischt: Deutsch, Englisch und Denglisch sind auf der LXDE-Oberfläche keine Seltenheit. Doch glücklicherweise sind auch die englischen Wörter für Neulinge schnell zu verstehen.

Wird am Raspberry Pi über einen USB-Hub eine 105-Tasten-Tastatur ange-schlossen, haben Sie sich bestimmt bereits an das in Deutschland gebräuchliche QWERTZ-Tastaturlayout gewöhnt. Es unterscheidet sich nur minimal von dem im angelsächsischen Sprachraum verwendeten QWERTY-Tastaturlayout. Wich-tig ist für Sie, dass die verwendete Tastatur auch zum konfigurierten Zeichensatz passt.

2.2.5 sudo oder root?

Im Umgang mit dem Raspberry Pi kommen Sie relativ schnell mit der Komman-dozeile in Berührung: Soll beispielsweise nachträglich ein Programm über apt-get install [PAKETNAME] installiert werden, sorgt erst das vorangestellte sudo-Kommando für die Installation auf der Speicherkarte des Raspberry Pi. Der Befehl sudo ist die Abkürzung für „superuser do" und sorgt für den Wechsel vom Benut-zerkontext des Benutzers pi in den administrativen Kontext des Users root. Im Gegensatz zu anderen Distributionen ist bei Raspbian keine Passwortabfrage beim sudo-Kommando implementiert. Wer in der aktuellen Session der Kommando-zeile die Superuser-Rechte eingeschaltet lassen möchte – etwa weil einige Kom-mandos mit einem vorangestellten sudo nötig wären –, kann den administrativen Modus mit dem Kommando sudo -i oder alternativ mit sudo su einschalten. In diesem Fall benötigen Sie das vorangestellte sudo nicht mehr. Verlassen können Sie diesen Modus mit dem einfachen exit-Befehl.

2.2.6 Datum und Uhrzeit setzen über das Terminal

Da der Raspberry Pi ohne eingebaute Uhr kommt, holt er sich nach dem Start auto-matisch die nötigen Datums- und Uhrzeitangaben von dem konfigurierten NTP-Server. Ohne Netzwerk- und Internetverbindung verwendet der Raspberry Pi ein zufälliges Datum und eine ebensolche Uhrzeit. Um am Raspberry Pi über die Kom-mandozeile die korrekte Uhrzeit einzustellen, verwenden Sie das Kommando:

```
sudo date -set="2016-12-12 06:06:06 CEST"
```

Das Datum und die Uhrzeit sind naturgemäß bis zum nächsten Neustart gesetzt, beim erneuten Bootvorgang sind wieder zufällige Daten aktiv.

2.3 Tuningmaßnahmen für den Raspberry Pi

Nach einer gewissen Zeit wird jeder Computer langsam, so auch der Raspberry Pi. Bei dem Raspberry Pi haben Sie aber den Nachteil, dass Sie nicht einfach zusätz-lichen Arbeitsspeicher oder eine schnellere CPU einbauen können – die kompakte Bauweise macht einen solchen hardwareseitigen Ausbau unmöglich. Was bleibt, sind Eingriffe in die Kernel- und Betriebssysteminnereien, auch die Optimierung des Linux-Dateisystems kann ein paar Prozente an zusätzlichen Ressourcen bringen. Im Endeffekt hängt es vom Einsatzzweck und der Menge der auf dem Raspberry Pi installierten Dienste und Programme ab, wie schnell sich der Raspberry Pi anfühlt. Die nachstehenden Tipps können jedoch hier und da für verbesserten Bedienungskomfort und spürbare Leistungssteigerungen sorgen.

2.3.1 USB-Tastatur – Ziffernblock einschalten

Nach der Installation von Raspbian können Sie meist umgehend mit den vorinstallierten Anwendungen loslegen – beispielsweise mit dem Office-Paket LibreOffice. Setzen Sie dafür am Raspberry Pi eine „große" 105-Tasten-Tastatur mit eigenem Ziffernblock ein, muss vorher die NumLock-Taste gedrückt werden, um die Zahleneingabe einzuschalten. Auf Dauer ist dieser Umstand möglicherweise nervig, und mit einem kleinen Kniff auf der Kommandozeile schalten Sie den Ziffernblock automatisch ein.

```
sudo apt-get install numlockx -y
```

Nach erfolgreicher Installation ist die NumLock-Taste automatisch gesetzt – das lästige manuelle Einschalten gehört nun der Vergangenheit an.

2.3.2 Überblick über die Systemauslastung mit htop

Bevor Sie blind und auf gut Glück irgendwelche System- oder Konfigurationsänderungen durchführen, sollten Sie sich grundsätzlich darüber informieren, wo das Nadelöhr im System steckt: Mit dem passenden Werkzeug erfahren Sie, welche Prozesse wie viele Ressourcen benötigen. Anschließend können Sie entscheiden, eventuell das eine oder andere Programm stattdessen auf einem anderen Rechner laufen zu lassen oder aber zusätzliche Dienste und Programme zu installieren, wenn noch genügend CPU-Zeit und Speicher zur Verfügung stehen. Falls noch nicht vorhanden, installieren Sie das Werkzeug htop per Kommando nach:

```
sudo apt-get install htop
```

Nach Download und Installation starten Sie das Werkzeug per Eingabe von htop im Terminalfenster, dann werden die CPU- und speicherlastigen Prozesse absteigend aufgelistet. Je nach Service ändern sich die Angaben laufend, doch für eine Grundbeurteilung ist das schon mehr als ausreichend: Nimmt ein Prozess über einen längeren Zeitraum beispielsweise laufend eine CPU-Zeit von über 90 % in Anspruch, ist entweder der Raspberry zu schwach, oder der Prozess ist auf dem

besten Weg, den Raspberry Pi am Anschlag zu betreiben. Dann hilft gegebenenfalls die Umkonfiguration der Speicherzuordnung des Raspberry Pi.

2.3.3   Optimierung per Speichersplitting

Für gewöhnlich gibt die Datei start.elf die Aufteilung des vorhandenen Gesamt-
speichers auf dem Raspberry Pi zwischen Haupt- und Grafikspeicher für das
Betriebssystem an. Die Zuordnung bzw. der Mechanismus dafür hängt auch vom
Betriebssystem bzw. der Firmware des Raspberry Pi ab. Grundsätzlich hat sich folgende Aufteilung bei einem Raspberry Pi mit 512 MByte RAM in der Praxis bewährt:

RAM	GRAFIK-VRAM	ANWENDUNGSFALL
256 MByte	256 MByte	GUI-Nutzung, viele Anwendungen mit Videofunktio-nen, Abspielen und Decodierungen, Streaming, XBMC, zwingend notwendig für Full-HD-1920-Wiedergabe.
384 MByte	128 MByte	GUI-Nutzung, viele Anwendungen mit Videofunktio-nen, Abspielen und Decodierungen, Streaming, XBMC, zwingend notwendig für Full-HD-1920-Wiedergabe.
448 MByte	64 MByte	Prinzipiell keine GUI-Nutzung empfohlen, kein Abspie-len von Videos, keine Hardwarevideobeschleunigung, ausschließlich Bereitstellen von Netzwerkservices.
496 MByte	16 MByte	Absolut keine GUI-Nutzung empfohlen sowie kein Abspielen von Videos, keine Hardwarevideobeschleu-nigung, ausschließlich Bereitstellen von Netzwerkser-vices.

Hier wird die Aufteilung des Speichers über einen Parameter in der Konfigurationsdatei config.txt gesteuert. Durch die Angabe von

```
gpu_mem=128
```

weisen Sie dem Grafikspeicher eine Größe von 128 MByte zu. Die zulässigen Werte
bewegen sich bei einem 256-MByte-RAM-Raspberry zwischen 16 und 192 MByte,
bei dem Modell mit 512 MByte erstreckt sich der zulässige Bereich von 16 bis
448 MByte. Der übrige, nicht der Grafikkarte zugeordnete Speicher wird automatisch als RAM-Speicher genutzt.

2.3.4   Kommandozeilenfetischisten: GUI-Start unterbinden

Je nach auf dem Raspberry Pi genutztem Betriebssystem gehen Sie unterschiedlich
vor. Grundsätzlich nutzen Sie auf der Kommandozeile den Befehl raspi-config,
um die Grundinstallation des Raspberry Pi einzustellen. Stellen Sie sicher, dass
der Schalter boot_behaviourstart desktop on boot? auf No gesetzt ist. Möchten

Sie später vom textbasierten Terminal aus die grafische X11-Oberfläche starten, tun Sie das einfach über den Befehl `startx` in der Konsole. Ist jedoch der `raspi-config`-Befehl nicht verfügbar, prüfen Sie, ob sich im Verzeichnis `/etc/init.d` das `slim`-Paket befindet:

```
ls /etc/init.d/slim | grep slim
```

Wenn ja, modifizieren Sie es dahingehend, dass Sie die Ausführen-Rechte per:

```
sudo chmod 644 /etc/init.d/slim
```

entziehen, oder Sie entfernen das `slim`-Paket komplett vom Raspberry Pi mit dem Kommando:

```
sudo apt-get purge slim
```

Damit die Änderungen aktiv werden können, starten Sie den Raspberry Pi neu.

2.3.5 Arbeitsspeicher unterstützen: Swap-Datei anlegen

Bei Systemen mit wenig verbautem Arbeitsspeicher bringt die Einrichtung einer Auslagerungsdatei bzw. eines Auslagerungsspeichers ein großes Plus an Performance. Gerade wenn viele Dienste und Programme aktiv sind, benötigen sie mehr Speicher, als physikalisch vorhanden ist. Damit das Betriebssystem flexibel agieren kann, arbeitet Linux beispielsweise nicht direkt mit dem physikalischen, sondern mit dem virtuellen Arbeitsspeicher, der sich aus dem physikalischen RAM und einem definierten Speicherbereich auf der Festplatte zusammensetzt. Hier wird der virtuelle Arbeitsspeicher auf der Festplatte durch die Swap-Partition oder als Swap-Datei zur Verfügung gestellt.

```
001  cd /var
002  sudo dd if=/dev/zero of=/var/swapfile bs=1M count=128
003  sudo mkswap /var/swapfile
004  sudo swapon /var/swapfile
```

Um eine sogenannte Swap-Datei auf dem Raspberry Pi zu erstellen, muss eine Datei geöffnet werden, und mit dem `dd`-Befehl müssen so viele Bytes hineingeschrieben werden, wie die Swap-Datei groß sein soll. Anschließend formatieren Sie die Swap-Datei mit dem Befehl `mkswap` und aktivieren sie dann im System per `swapon`-Befehl.

```
                                                   pi@raspi2devel43: /var
pi@raspi2devel43 /var $ sudo dd if=/dev/zero of=/var/swapfile bs=1M count=128
128+0 Datensätze ein
128+0 Datensätze aus
134217728 Bytes (134 MB) kopiert, 1,04495 s, 128 MB/s
pi@raspi2devel43 /var $ sudo mkswap /var/swapfile
Setting up swapspace version 1, size = 131068 KiB
no label, UUID=2a02668b-dadf-41a2-ab82-b68288ad77ae
pi@raspi2devel43 /var $ sudo swapon /var/swapfile
pi@raspi2devel43 /var $ █
```

Nach der Aktivierung mithilfe des swapon-Befehls ist die Swap-Datei umgehend auf
dem Raspberry Pi aktiv.

Im nächsten Schritt binden Sie die erstellte Swap-Datei in das Dateisystem des
Raspberry Pi ein. Dafür ist ein Eingriff in die Systemdatei fstab notwendig.

2.3.6   Swap-Datei in fstab konfigurieren

Grundsätzlich finden Sie in der Datei /etc/fstab alle Datenträger bzw. die entsprechenden Partitionen, die beim Systemstart des Raspberry Pi automatisch eingehängt werden sollen. Um diese Datei zu öffnen und zu bearbeiten, sind natürlich
root-Rechte notwendig. Mit dem Kommando

```
sudo bash
nano /etc/fstab
```

öffnen Sie die Konfigurationsdatei und aktivieren den /var/swapfile-Eintrag,
falls er bereits in der fstab-Datei vorhanden ist. In diesem Fall entfernen Sie das
führende Lattenzaunsymbol (#). Ist der Eintrag noch nicht vorhanden, tragen Sie
ihn nach – die Abstände zwischen den Einträgen/Werten stellen Sie mit der ⎣Tab⎦-
Taste her.

```
                                                   pi@raspi2devel43: /var
  GNU nano 2.2.6                       Datei: /etc/fstab
proc            /proc         proc      defaults             0    0
/dev/mmcblk0p1  /boot         vfat      defaults             0    2
/dev/mmcblk0p2  /             ext4      defaults,noatime,nodiratime  0    1
# a swapfile is not a swap partition, so no using swapon|off from here on, use  dphys-swapfile swap[on|off]  for that
/var/swapfile   none          swap      sw                   0    0
```

Damit die Änderung bzw. die Swap-Datei auch nach einem Neustart des Raspberry Pi
noch aktiv ist, tragen Sie sie in die fstab-Datei ein.

Da die fstab-Datei gerade geöffnet ist, können Sie bei der Gelegenheit auch noch
das Speichern der Zugriffszeit auf eine Datei bzw. ein Verzeichnis auf dem Raspberry Pi unterbinden, was einen kleinen Geschwindigkeitsschub bringen kann.

2.3.7 Dateien und Verzeichnisse via fstab optimieren

Auch die Datenpartition der Micro-SD-Karte ist in der fstab-Datei eingetragen, damit sie nach dem Start des Raspberry Pi dem Betriebssystem zur Verfügung steht. Fügen Sie in der Zeile hinter dem defaults,noatime-Eintrag noch den nodiratime-Parameter hinzu. Grundsätzlich ist es so, dass Linux standardmäßig die letzte Zugriffszeit einer Datei (atime) speichert. Für den Raspberry-Pi-Einsatz wird diese Information in der Regel nicht benötigt – auch die Zeit des Zugriffs auf ein Verzeichnis ist eher uninteressant. Dies kann einen kleinen Geschwindigkeitsschub bringen.

fstab-Tuning für Profis: Der gesetzte Parameter noatime sorgt dafür, dass die Dateizugriffszeiten nicht gespeichert werden – analog der Parameter nodiratime für Verzeichnisse.

Nach der Änderung speichern Sie die Datei, aktiv wird die Tuningmaßnahme jedoch erst nach dem Neustart des Raspberry Pi.

2.3.8 Konsolen reduzieren

Für Geizkragen: Wer in Sachen Speicherbedarf weiter optimieren möchte, schaltet über die Datei noch ein paar Konsolen ab – in der Regel werden ja nicht mehr als zwei benötigt. Dafür öffnen Sie die Datei

```
sudo nano /etc/inittab
```

und kommentieren dort mit dem Lattenzaunsymbol # die Bootkonfiguration der Zeilen 2-6 aus:

Erst nach Speichern und Neustart des Raspberry Pi wird die Änderung aktiv.

Anschließend stehen nach dem Neustart nur noch zwei Konsolen zur Verfügung, die Sie mit den Tastenkombinationen [Strg]+[Alt]+[F1] und [Strg]+[Alt]+[F2] erreichen können.

3 RASPBERRY PI MIT DER MAUS – BENUTZEROBERFLÄCHE LXDE

Gerade für Einsteiger sehr praktisch ist das neue Jessie-basierte Image für die Raspberry-Pi-Familie, das einen einfach zu handhabenden Installations- und Einrichtungsassistenten mit an Bord hat. Damit entfallen die oftmals schwierigen Ausflüge in die Kommandozeile, die so manchem Linux-Novizen Schweißperlen auf die Stirn getrieben haben. Zwar sind sämtliche Funktionen und Konfigurationen nach wie vor über die Kommandozeile zu erreichen und zu administrieren, doch für den reibungslosen und bequemen Start reicht die grafische Benutzeroberfläche völlig aus.

Einmal eingerichtet und eingedeutscht, ist die Steuerung über die Maus gar kein Problem mehr.

Die Benutzeroberfläche LXDE (*Lightweight X11 Desktop Environment*) benötigt im Gegensatz zu ihren Geschwistern wie GNOME und anderen deutlich weniger Systemressourcen und ist deshalb als Windows-Ersatz geradezu prädestiniert. Standardmäßig bootet das installierte Image auf der Speicherkarte vollständig hoch und macht eine Anmeldung über die Benutzer/Kennwort-Authentifizierung überflüssig. Melden Sie sich irgendwann über eine Remote-Verbindung an, benötigen Sie die Benutzerdaten: Diese sind standardmäßig ab Werk immer gleich: Der Benutzername ist in Kleinschreibung pi und das Passwort raspberry. Beachten Sie die geänderte Tastatur, falls das Tastaturlayout noch nicht auf Deutsch umgestellt wurde – in diesem Fall sind $\boxed{Z}$- und $\boxed{Y}$-Taste vertauscht, und das Kennwort lautet raspberrz.

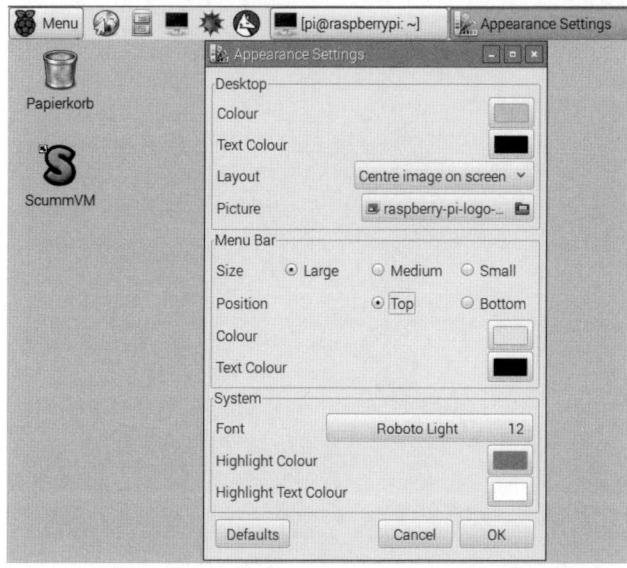

Das LXDE-Symbol links oben öffnet das Startmenü, in dem sich die vorinstallierten Anwendungen und Spiele befinden. Auf Wunsch können Sie die Menüleiste wie bei einem Windows-System auch nach unten schieben – dafür stellen Sie über *Menü/Einstellungen/ Appearance Settings* den Schalter bei *Position* von *Top* auf *Bottom* um.

Werden Programme häufiger benötigt, lassen sie sich wie bei Windows per Verknüpfung mithilfe der rechten Maustaste auf die Benutzeroberfläche legen.

3.1 Daten, Dateien und Dateisystem

Wie bei jedem anderen Betriebssystem fallen mit der Zeit im Rahmen der Benutzung Daten und somit Dateien an, die in unterschiedlichen Verzeichnissen gespeichert werden. Diese Struktur wird von dem Dateisystem zur Verfügung gestellt, und wie Windows hat das verwendete Raspbian des Raspberry Pi dafür ein passendes Dateisystem im Einsatz. Was bei Windows der Explorer ist, nennt sich bei Linux Dateimanager. Dieser wird über *Zubehör/Dateimanager* gestartet. Ist am Raspberry Pi eine deutsche 105-Tastatur mit den Sondertasten aus der Windows-Welt angeschlossen, funktioniert unter Linux die „Explorer"-Tastenkombination Win + E auch mit dem Dateimanager.

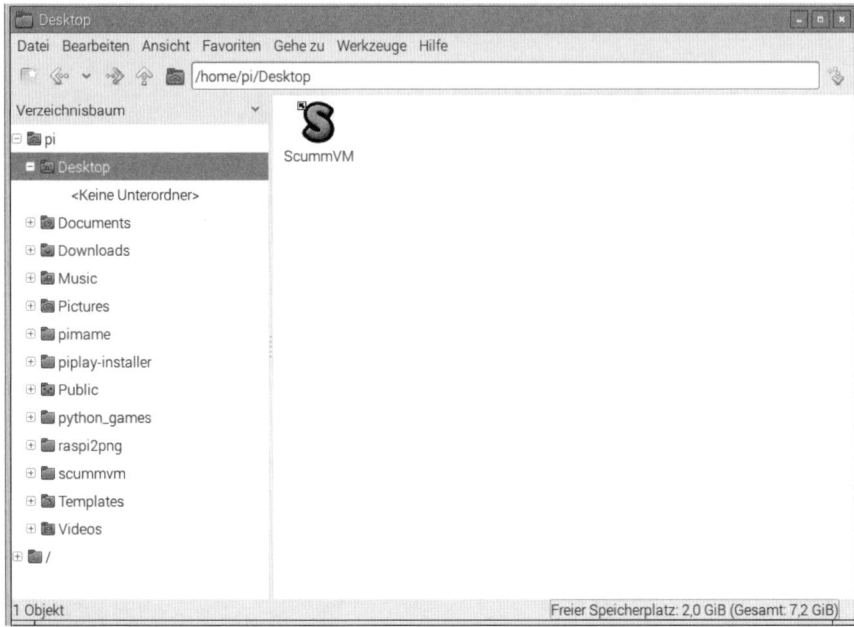

Für jeden Benutzer existiert ein eigenes Verzeichnis (Home-Verzeichnis), das über den Pfad /home/pi zu finden ist. Darunter befinden sich die persönlichen Unterverzeichnisse.

Wer bisher mit Windows gearbeitet hat, dem wird sofort auffallen, dass es die Laufwerkbuchstaben nicht (mehr) gibt. So befinden sich alle Daten – egal ob Hardware-Devices, Treiber oder Programme – in einem gemeinsamen Dateisystem. Wie bei Windows gibt es auch im Linux des Raspberry Pi Systemdateien, die standardmäßig ausgeblendet sind. Um diese im Dateimanager anzuzeigen, wählen Sie im Menü unter *Ansicht* die Option *Versteckte anzeigen* aus.

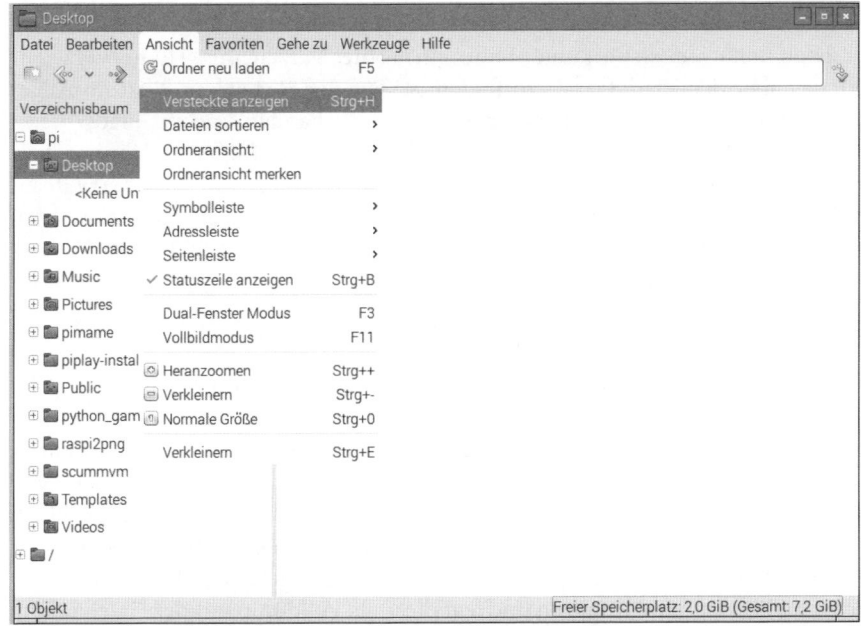

Unten rechts in der Statusleiste des Linux-Dateimanagers werden Sie über den verfügbaren Speicherplatz informiert.

Um Dateien und Verzeichnisse von einem Ort zum anderen zu kopieren, reicht das von Windows gewohnte Vorgehen aus. Es funktionieren die gewohnten Tastaturkürzel wie [Strg]+[C] zum Kopieren bzw. [Strg]+[V] zum Einfügen der Daten an einen gewünschten Ort. Diese Befehle lassen sich nicht nur über die Tastatur, sondern auch über das Kontextmenü der rechten Maustaste starten. Um Daten beispielsweise nicht auf der Speicherkarte des Raspberry Pi, sondern über eine Netzwerkverbindung auf einem anderen Computer zu sichern, benötigt der Raspberry Pi logischerweise zunächst einen funktionierenden Netzwerkanschluss. Ist die Netzwerkverbindung aufgebaut, stehen dafür verschiedene Netzwerktechnologien und Protokolle zur Verfügung – wichtig ist auch hier, dass der „Gesprächspartner" des Raspberry Pi, nämlich die Gegenstelle, dieselbe „Sprache" in Form eines gemeinsamen Programms/Protokolls spricht. Dafür stehen beim Raspberry Pi prinzipiell alle Unix-Netzwerktechniken und Programme – ssh, scp, ftp, sftp, http und viele mehr – zur Verfügung.

3.1.1 Persönliche Daten

Für jeden Benutzer existiert unter Linux ein eigenes Verzeichnis (Home-Verzeichnis), das über den Pfad /home/ zu finden ist. Für den Raspberry Pi ist im Allgemeinen zunächst nur ein einziger Benutzer pi vorhanden und im Pfad /home/ pi eingerichtet. Darunter befinden sich die persönlichen Unterverzeichnisse, beispielsweise Bilder, Musik & Co. Wer die persönlichen Daten vom Raspberry Pi auf einem eingesteckten USB-Stick, einer Festplatte oder einem Netzlaufwerk sichern möchte, nimmt am einfachsten das komplette /home/pi-Verzeichnis und kopiert es auf das Datensicherungsmedium.

3.1.2 Micro-SD-Karte sichern

Wer auf Nummer sicher gehen möchte, kann selbstverständlich nach dem Ausschalten des Raspberry Pi auch eine komplette Sicherheitskopie der Micro-SD-Speicherkarte auf seinem Computer anfertigen. Dafür nutzen Sie das beschriebene Image-Werkzeug „USB Image Tool", mit dem Sie das Original-Image von Raspbian übertragen haben. Dieses Werkzeug bietet nicht nur die Möglichkeit, eine Micro-SD-Karte mit einer vorhandenen Image-Datei zu beschreiben, sondern es fertigt mit der Backup-Funktion aus einem angelegten USB-Datenträger auch eine Eins-zu-eins-Kopie an und legt diese als Volldump mit der Dateiendung .img auf der Computerfestplatte ab. Beachten Sie, dass dieses Vorgehen nicht nur einige Minuten Zeit kostet, sondern auch eine Menge Speicherplatz auf der Festplatte des Computers verbraucht. Als Richtwert entspricht die Größe des Images auf der Festplatte der kompletten physikalischen Größe der Speicherkarte, unabhängig davon, ob diese unter Linux vollständig gefüllt ist oder nicht.

3.2 Raspbian Jessie – die wichtigsten Programme und Tools

Die Jessie-Distribution für den Raspberry Pi gibt es als vollwertiges Raspbian-Image und als Lite-Version für den serverbasierten Kommandozeileneinsatz. Im Raspbian-Image sind bereits einige Programme dabei und daher schon auf dem Raspberry Pi vorinstalliert. Somit sind auch die Entwicklungsumgebungen für die Programmiersprachen Python und Scratch vollständig installiert – wer hingegen den Raspberry Pi nicht zum Programmieren, sondern für kleinere Office-Tätigkeiten, zum Surfen und zum Spielen verwenden möchte, kommt mit den vorinstallierten Programmen bereits recht weit.

3.2.1 Surfmaschine Raspberry Pi – Webbrowser mit HTML5

War früher der Midori-Webbrowser auf dem Raspberry-Pi-Image vorinstalliert, ist nun der Epiphany-Webbrowser als „Standard" mit an Bord. Epiphany ist wie die meisten ein freier Webbrowser und kommt auch im Gnome-3-Projekt und somit auf den Ubuntu-Versionen zum Einsatz. Auf einem „kleinen" Raspberry Pi, etwa aus der ersten Generation, und auch auf dem kleinen Zero ist das Surfen naturgemäß etwas zäh – auf den schnelleren Raspberry Pis läuft es schneller ab. Zwar unterstützt Epiphany HTML5 und dessen Videoerweiterungen, und die abgespielten Videos werden auch über die Hardware decodiert, doch allein das Laden der Startseite von YouTube dauert knapp zwei Minuten.

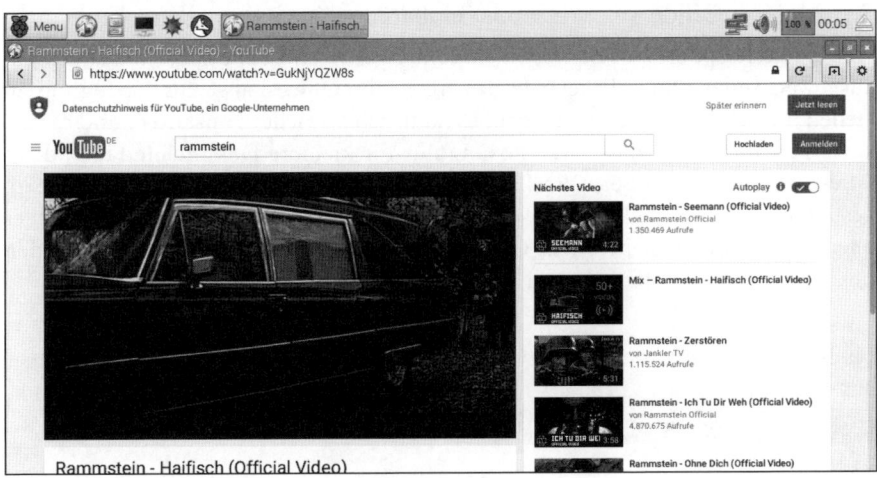

Epiphany ist deutlich flotter als sein Vorgänger Midori. Die Vollbilddarstellung läuft auf dem Raspberry Pi nach dem Start ruckelfrei ab.

Je nach Ausgangsmaterial spielt Epiphany Videos bis zur 720p-Auflösung problemlos ab, wenn auch manchmal Ruckler zu beobachten waren. Liegen die Videos lokal auf der Micro-SD-Karte, ist ein schnelleres (Class 10-)Modell empfehlenswert. Auch im Vergleich zu Mozillas Firefox hat Epiphany die Nase vorn – Firefox ist auf dem kleinen Raspberry Pi Zero und den älteren Modellen wegen der zu hohen Speicheranforderungen so gut wie nicht benutzbar – auf dem Raspberry Pi 3 gerade mal erträglich.

DESKTOPSYMBOL FÜR PROGRAMME

Grundsätzlich rufen Sie die in der GUI installierten Programme über die Menüleiste auf. Häufig benutzte Programme oder Lieblingsprogramme können auch als Verknüpfung auf dem Desktop abgelegt werden, um sich das Navigieren und Suchen in der Menüleiste zu sparen. Dies erledigen Sie ganz bequem, indem Sie in der Menüleiste zu dem gewünschten Programm navigieren, mit der rechten Maustaste darauf klicken und im Kontextmenü den Eintrag *Dem Desktop hinzufügen* auswählen.

3.2.2 LibreOffice – Schreibmaschine in der Streichholzschachtel

Der kleine Raspberry Pi Zero ist trotz seiner geringen Größe sogar imstande, ein ausgewachsenes Office-Paket wie das freie LibreOffice-Paket zur Verfügung zu stellen. Mit dem Raspberry Pi 3 geht es natürlich schneller vonstatten, und es versteht sich von selbst, dass diese Lösung nur für kleinere Dokumente taugt, denn ist ein Dokument größer, verschachtelt und mit einigen Abbildungen versehen, gestaltet sich das Arbeiten recht schnell zäh. Wie auch immer, einen Versuch ist es allemal wert, da Sie neben dem *Open Document Format* auch Dokumente in den bekannten Office-Dateiformaten lesen und schreiben können.

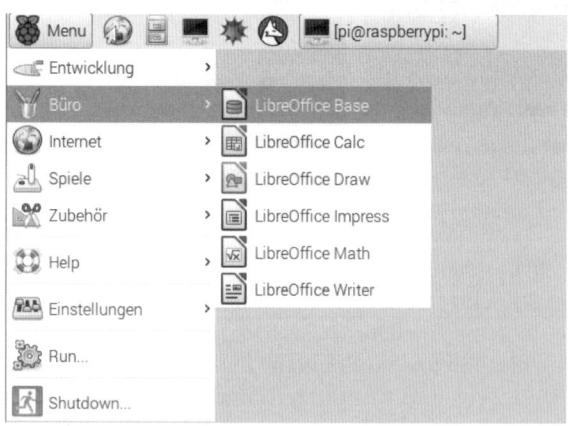

Tabellenkalkulation, Datenbanken, Textverarbeitung, Präsentationen und mehr: LibreOffice besticht mit einem umfangreichen Lieferumfang.

Nach dem Start einer LibreOffice-Anwendung merken Sie gleich, dass die Benutzeroberfläche im Gegensatz zur grafischen LXDE-Benutzeroberfläche noch in der Sprache Englisch zur Verfügung steht und sich das *User Interface* unter *Options* nicht umstellen lässt. Deshalb begeben Sie sich nun erstmals auf die Kommandozeile und installieren das deutsche Sprachpaket für LibreOffice nach. Schließen Sie zunächst das Dokument und beenden Sie LibreOffice. Im nächsten Schritt öffnen Sie über das Terminalsymbol in der Menüleiste ein LXTerminal-Fenster. Dort tragen Sie folgendes Kommando ein:

```
sudo apt-get install libreoffice-l10n-de
```

Alternativ zur Kommandozeile können Sie auch das grafische Installationswerkzeug Synaptic nutzen.

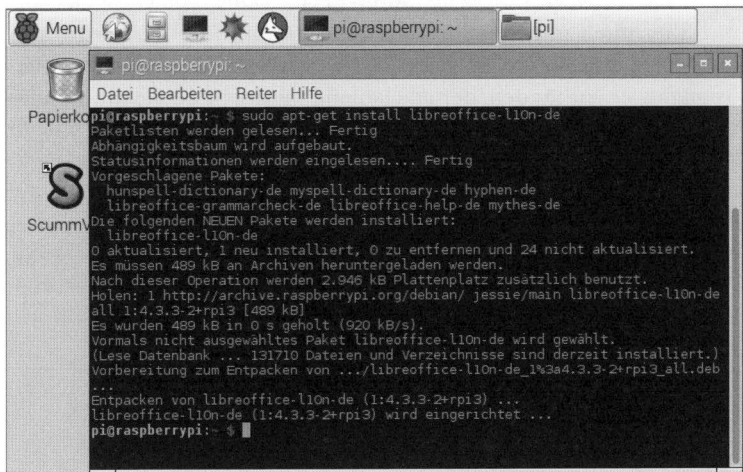

Nach der Installation des Sprachpakets starten Sie LibreOffice neu. Anschließend ist die Benutzeroberfläche eingedeutscht.

Im nächsten Schritt nehmen Sie kleinere Tuningmaßnahmen vor, die die Büroarbeit am Raspberry Pi etwas beschleunigen können.

3.2.3   LibreOffice-Tuning für den Raspberry Pi

Über *Extras/Optionen* deaktivieren Sie im Bereich *LibreOffice/Allgemein* den Schalter *Hilfe-Tipps*. Um den knappen Arbeitsspeicher zu optimieren, reduzieren Sie im Bereich *LibreOffice/Arbeitsspeicher* die Anzahl der Schritte, die rückgängig gemacht werden können. Den Standardwert von 100 können Sie getrost auf 20 setzen. Auch kann der Grafik-Cache reduziert werden, hier kommt es auf Ihre persönliche Arbeitsweise an und darauf, ob in Ihren Dokumenten mehr Text oder mehr Grafiken zu finden sind. Sind die Dokumente eher textlastig, setzen Sie den Grafik-Cache auf den Wert 10. Auch einfache Dinge wie Animationen nerven nicht nur, wie bei MS-Office der schon legendäre Karl Klammer, sondern reduzieren auch die Performance. Unter *LibreOffice/Barrierefreiheit* schalten Sie die Optionen für *Animierte Grafiken zulassen*, *Animierten Text zulassen* und *Tipp-Hilfe* per Mausklick aus.

3.3 Startmenü Zubehör: Tools und Hilfsprogramme

Das Untermenü *Zubehör* bringt standardmäßig, neben zusätzlichen Anwendungen wie dem *Bildbetrachter*, der ähnlich wie die Windows-Vorschau arbeitet, dem Taschenrechner (*Calculator*) und dem Explorer-Ersatz *Dateimanager*, eine Verknüpfung zum LXTerminal mit. Das installierte Programm *PDF Viewer* ist aussagekräftig genug und braucht nicht gesondert vorgestellt zu werden. Außerdem ist der *Taskmanager* vorhanden, der alle laufende Prozesse sowie die aktuelle CPU-Auslastung und die aktuelle Speicherbelegung darstellt. Der *Text Editor* ist mit seinem Windows-Pendant Notepad vergleichbar, während mit dem Werkzeug *Xarchiver* Archivdateien sowohl erstellt als auch entpackt werden können. Der Xarchiver versteht neben dem gebräuchlichen ZIP-Format auch jene aus der Unix/Linux-Welt, wie `arj`, `bzip2`, `gzip`, `lha`, `lzma 7z`, `rar`, `tar`, `tar.bz2`, `tar.gz`, `tar.lzma`, `tar.lzop` und `lharc`.

Wählen Sie die gewünschten Programme/ Tools über das *Zubehör*-Menü aus – für den Standardbetrieb sind sie völlig ausreichend.

Grundsätzlich ist der Xarchiver auch im Kontextmenü integriert, sodass Sie die Archivdateien direkt im Dateimanager per Doppelklick öffnen und in das gewünschte Zielverzeichnis entpacken können.

3.3.1   Hilfe zur Selbsthilfe: Debian-Referenz

Erwähnenswert ist die Debian-Referenz, die im lokalen Webbrowser geöffnet wird. Damit haben Sie auf einen Blick eine Debian-Übersicht, die Kommandozeilenbefehle und eine allgemeine Sicht auf Linux. Hier müssen Sie der englischen Sprache mächtig sein, alternativ hilft das Internet bzw. die Debian-Referenz in deutscher Sprache, die auf der Debian-Projektseite *https://www.debian.org/doc/manuals/debian-reference/index.de.html* verfügbar ist.

3.3.2   Spielend bauen – Minecraft Pi Edition

Minecraft ist im Standard-Raspbian-Jessie-Image kostenlos mit an Bord und braucht nicht extra installiert zu werden. So können Sie auch am Raspberry Pi Zero umgehend damit loslegen, aus den einfachen Klötzen und Würfeln eine eigene Welt zu schaffen und mit den Rohstoffen und neuen Baumaterialien neue Dinge zu bauen. Die installierte Version basiert auf der damaligen Version der Minecraft Pocket Edition – damit ist die Minecraft-Welt 256 × 256 Blöcke groß und ausschließlich im Kreativmodus spielbar. Mit der API-Programmierschnittstelle (*Application Programming Interface*) können Sie je nach Vorkenntnissen und persönlichen Vorlieben mit der Programmiersprache Python sowie mit Java und zusätzlich herunterladbar mit Ruby auf das Minecraft-Gebilde zugreifen und es anpassen. Damit können gewiefte Tüftler das Spiel erweitern und Zusatzmodule entwickeln. Wer noch keine Programmiererfahrungen hat, kann das zum Anlass nehmen, spielerisch in eine Programmiersprache einzutauchen.

Quadratisch, praktisch, Minecraft auf dem Zero, gut. Spartanisch, aber spielbar – trotz fehlender Kreaturen, die sich nachrüsten lassen.

Nach dem Start von Minecraft über die Menüleiste haben Sie die Wahl: Sie können eine bereits vorhandene Spielwelt auswählen oder eine neue anlegen. Die Steuerung ist zunächst etwas gewöhnungsbedürftig, doch wer Minecraft bereits am Computer gespielt hat, ist schnell in die Minecraft-Welt eingetaucht. Die Steuerung von Minecraft ist angelehnt an ältere Spiele aus dem Hause id Software, etwa Doom oder Quake, als die PC-Spiele vorwiegend mit Maus und Tastatur gezockt wurden. Die Hauptaktionen finden naturgemäß über die angeschlossene Maus statt. Mit der Maus steuern Sie sozusagen das Blickfeld – ähnlich wie ein Kopf, den Sie drehen können. Das Fortbewegen erfolgt über die Tastatur – mit der Taste $\boxed{\text{W}}$ geht es nach vorne, mit der $\boxed{\text{S}}$-Taste nach hinten, mit $\boxed{\text{A}}$ nach links und mit der $\boxed{\text{D}}$-Taste nach rechts. Bei Hindernissen wie Stufen im Gelände geht es während der Bewegung automatisch nach oben oder nach unten. Mit der linken $\boxed{\text{Umschalt}}$-Taste machen Sie sich klein und ducken sich weg.

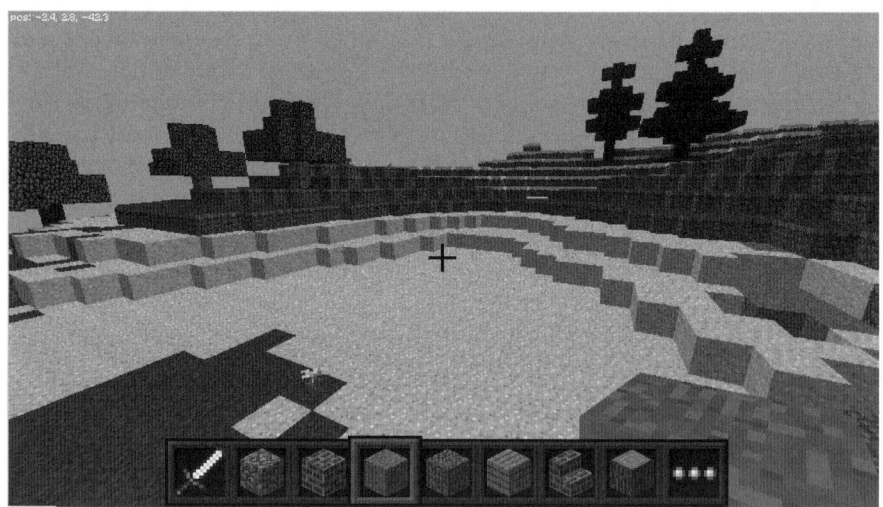

In die Höhe springen Sie mit der $\boxed{\text{Leertaste}}$, durch zweimaliges Drücken der $\boxed{\text{Leertaste}}$ gelangen Sie in den Schwebezustand und fliegen durch die Welten.

Bleiben Sie auf der $\boxed{\text{Leertaste}}$, geht es weiter nach oben – nach unten kommen Sie mit der linken $\boxed{\text{Umschalt}}$-Taste. Die gesammelten Gegenstände, Werkzeuge und Blöcke etc. befinden sich im Inventar, das Sie mit der $\boxed{\text{E}}$-Taste erreichen. Wie im obigen Screenshot zu sehen, sind anfangs acht verschiedene Blöcke oder Werkzeuge am unteren Bildschirmrand in der Inventarleiste vorhanden, die sich mit den Nummerntasten von $\boxed{1}$ bis $\boxed{8}$ oder dem mittigen Mausrad auswählen lassen. Mit der linken Maustaste wird ein zuvor selektierter Block entfernt, mit der rechten Maustaste wird der Block des gewählten Typs an die angeklickte Position gesetzt. Zu guter Letzt sorgt die $\boxed{\text{Esc}}$-Taste für ein Menü, über das Sie das Spiel verlassen bzw. beenden können – wer nur kurz auf eine andere Anwendung auf dem Raspberry Pi wechseln möchte, nutzt stattdessen die $\boxed{\text{Tab}}$-Taste, um mit der Maus außerhalb des Minecraft-Fensters zu navigieren.

3.4 Drucken mit CUPS

Einfach und bequem: Sie sitzen beispielsweise auf dem Sofa und entdecken etwas Interessantes im Internet, das Sie gern ausdrucken möchten. Bisher haben Sie sich den entsprechenden Link per E-Mail zugesandt, falls auf dem iPad oder iPhone ein E-Mail-Konto konfiguriert ist, diese E-Mail auf dem Computer geöffnet und anschließend von dort aus zum Drucker geschickt. Ist der Raspberry Pi Zero am heimischen TV angeschlossen und ist dieses über WLAN/LAN im Heimnetz gekoppelt, können Sie mit dem Raspberry Pi direkt den Druckauftrag zum Drucker schicken. Voraussetzung dafür ist das installierte und konfigurierte CUPS-Paket (*Common Unix Printing System*). Für den Einsatz eines Druckers unter Linux hat sich dieses System (CUPS) durchgesetzt.

3.4.1 CUPS-Basisinstallation

Mit CUPS bereitet der Raspberry Pi die Druckaufträge von Programmen wie beispielsweise LibreOffice für den konfigurierten und verfügbaren Drucker auf. Hier ist der Druckvorgang in einen Druckclient, der die Druckaufträge sortiert und weiterleitet, sowie einen Druckserver, der das eigentliche Drucken erledigt, aufgeteilt. Dazu gehören neben den klassischen CUPS-Paketen wie `cups`, `cups-pdf` oder `cups-driver-gutenprint` auch jene, die für die Kopplung der Hardware, also die klassischen Treiber, bereitstehen. Bei der Vielzahl der verfügbaren sowie der unterstützten Drucker werden demnach auch entsprechend viele Treiber auf dem Raspberry Pi installiert.

Bringen Sie den Raspberry Pi zunächst auf den aktuellen Stand:

```
sudo apt-get update
```

Sind zu viele Pakete zu aktualisieren, kommt der Update-Mechanismus manchmal aus dem Tritt und findet die angeforderten Pakete nicht auf Anhieb. Treten Fehler auf, hilft es in der Praxis, den Befehl anschließend sicherheitshalber per Konsole erneut anzustoßen.

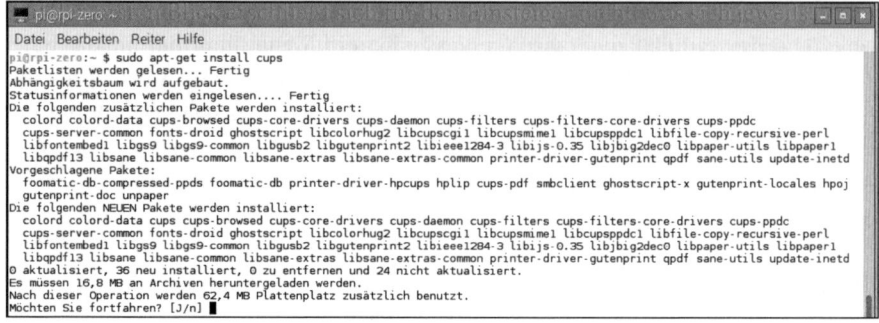

Beachten Sie, dass nach Abschluss der Installation eine Speicherkarte mit 2 GByte gege-benenfalls nahezu gefüllt sein kann – die Installation der Druckertreiber, der PDF-Funkti-onen etc. nimmt einigen Platz in Anspruch. Falls es auf der Speicherkarte bereits eng ist, sollten Sie spätestens jetzt den Wechsel auf eine größerer Speicherkarte vornehmen.

Im nächsten Schritt bringen Sie die installierte Distribution auf dem Raspberry Pi per

```
sudo apt-get upgrade
```

auf den aktuellsten Stand. Geht es in Sachen Speicherplatz auf der Micro-SD-Spei-cherkarte eng zu, sollten Sie ein wenig darauf achten, welche Pakete wie viel Platz benötigen. Zwar teilt Debian mit, wie viel Speicherplatz die zu installierenden Pakete in etwa benötigen, unterschlägt dabei aber, dass für das allgemeine Arbei-ten und für die Swap-Datei natürlich auch noch Platz benötigt wird. Nebeneffekt: Gerade wenn Sie mit Kapazitätsproblemen zu kämpfen haben, wirkt sich das auch auf die Performance aus – der Raspberry Pi wird langsamer.

```
sudo bash
apt-get install cups
```

Gutenprint hat nichts mit einem ehemaligen Verteidigungsminister der Bundes-republik Deutschland zu tun, sondern ist eine notwendige Treibersammlung von Druckerherstellern wie Canon, Epson, Lexmark, Sony, Olympus und PCL Dru-cker, die nach der Installation anschließend mit Ghostscript, CUPS, Foomatic und GIMP verwendet werden können. Falls die Speicherkarte zu knapp bemessen ist, verzichten Sie auf Gutenprint, wenn Sie einen passenden CUPS-Treiber für Ihren Drucker beispielsweise vom Hersteller für Debian Jessie laden können. Nach der CUPS-Installation auf der Kommandozeile starten Sie den Webbrowser.

Spielt der Speicherplatz keine große Rolle, ist die Gutenprint-Installation nicht zuletzt aus Kompatibilitätsgründen sinnvoll – auch wenn Sie später einen Drucker nachrüsten möchten, ist der Drucker unter Umständen umgehend betriebsbereit.

3.4.2   Optional: Druckertreiberinstallation

Je nach Typ und Modell des Druckers ist manchmal vor der CUPS-Einrichtung noch die Installation eines passenden Druckertreibers nötig. Darüber können Sie sich beim Hersteller des Druckers informieren und dort im Supportbereich nach verfügbaren Linux-Treibern suchen, die Sie auch für den Raspberry Pi verwenden können. Halten Sie Augen nach Linux/Debian-Paketen offen – vorbildlich ist beispielsweise die Unterstützung von Brother, es wird neben dem Treiber selbst auch eine Installationsanleitung geliefert. Laden Sie sich die verfügbare Installer-Archivdatei im gz-Format auf den Raspberry Pi und entpacken Sie sie mit dem gunzip-Kommando ins aktuelle Verzeichnis.

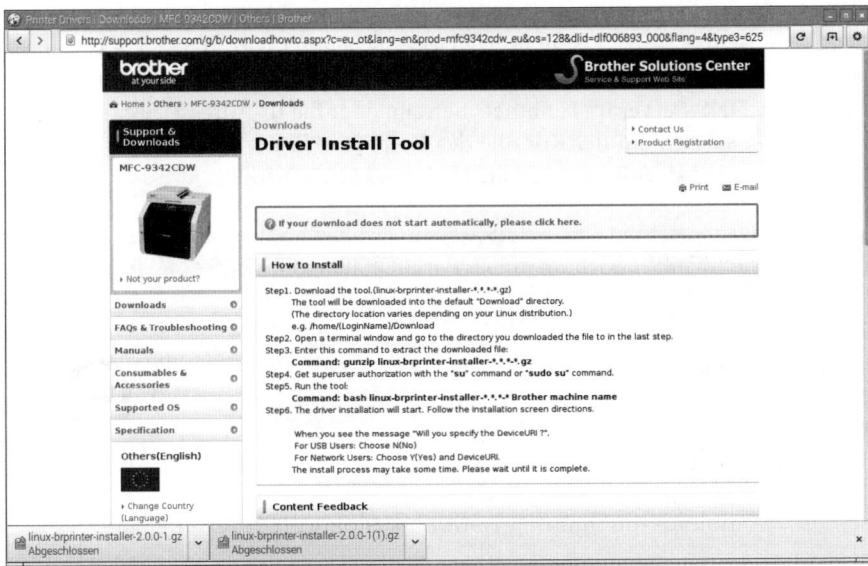

Vorbildlich: Die Treiberunterstützung der Geräte beschränkt sich bei Brother nicht nur auf Windows – neben Mac-OS-Computern werden auch Linux-Maschinen wie der Raspberry Pi treibermäßig versorgt.

Den Installationsassistenten starten Sie schließlich mit dem Kommando:

```
sudo bash linux-brprinter-installer-2.0.0-1
```

Beachten Sie, dass die Version inzwischen eine andere sein kann – je nachdem, welche Version gerade beim Hersteller aktuell ist, verwenden Sie naturgemäß diese. Anschließend führt ein Installationsassistent durch die Installation, prinzipiell brauchen Sie dabei lediglich alle Standardangaben mit der [Enter]-Taste zu bestätigen. Bei einem MFC-Modell liefert Brother zusätzlich eine angepasste SANE-Installation (Scannertreiber) mit, die jedoch für die i386-Prozesserarchitektur bestimmt ist und nicht mit der ARM-Prozessortechnik des Raspberry Pi zurechtkommt. Wird sie installiert, bricht das Installationsskript ab – die gewünschten Druckertreiber sind jedoch an Bord, sodass sie mit CUPS verwendet werden können. Nach dem Start des Installationsskripts tragen Sie zunächst das Modell – hier MFC-9342CDW ein –, anschließend fragt der Assistent Schritt für Schritt die Einstellungen und Parameter für die Installation des Treibers ab.

3.4.3 Drucker mit CUPS koppeln – Admin-Webseite nutzen

CUPS besitzt einen integrierten Webserver, der über Port 631 zu erreichen ist und für das Einrichten und Verwalten der Drucker genutzt wird. Die CUPS-Admin-Seite ist naturgemäß unter derselben IP-Adresse erreichbar wie der Raspberry Pi. Wer keinen DNS-Server im Heimnetz betreibt oder die IP-Adresse einfach vergessen hat, holt sie sich auf der Konsole des Raspberry Pi per ifconfig-Befehl oder nutzt die localhost-Adresse bzw. die IP-Adresse 127.0.0.1.

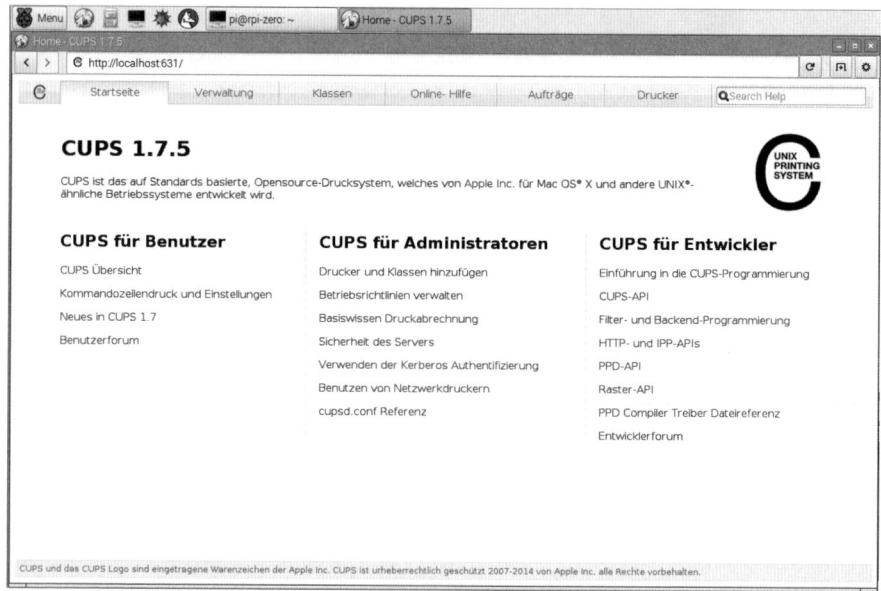

Erfolgreich installiert: Die Konfigurations-/Startseite von CUPS auf dem Raspberry ist aktiv.

In diesem Beispiel ist der Raspberry Pi beim lokalen Zugriff über `localhost` erreichbar – in der Konfigurationsdatei wurde Port 631 festgelegt. In Summe bedeutet dies, dass Sie über die Eingabe von `localhost:631` lokal in der Adresszeile des Webbrowsers und über die IP-Adresse des Raspberry Pi von einem x-beliebigen Computer im Heimnetz aus die CUPS-Übersichtsseite auf dem Raspberry Pi erreichen. Dort navigieren Sie zum Register *Verwaltung* und geben zunächst den noch hinzuzufügenden Drucker frei. Grundsätzlich ist es bei der Admin-Seite so, dass jeder Benutzer alle Aktionen durchführen darf – möchten Sie einen Drucker hinzufügen, erscheint bei Änderungen eine Passwortabfrage.

```
sudo adduser pi lpadmin
```

Dafür ist noch auf der Konsole ein entsprechender Benutzername – hier `pi` – anzugeben, der auch Mitglied der Linux-Gruppe `lpadmin` auf dem Raspberry Pi ist. In diesem Beispiel wird der Raspberry-Pi-Standardbenutzer `pi` der Gruppe `lpadmin` hinzugefügt. Nun haben Sie sich gegenüber CUPS ordnungsgemäß authentifiziert und können über die Konfigurationsseite den oder die im Heimnetz verfügbaren Drucker für CUPS einrichten.

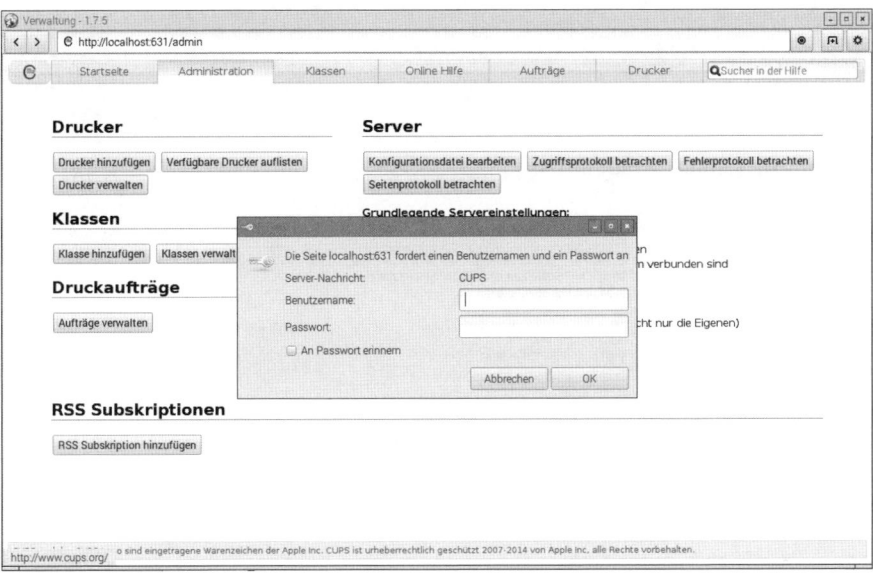

Das Register *Administration* ist bei der CUPS-Konfiguration die erste Anlaufstelle. Für die Authentifizierung gegenüber CUPS nutzen Sie den Benutzer `pi` und – falls noch nicht geändert – das Standardpasswort `raspberry`. Haben Sie für diesen Zweck einen eigenen Benutzer, der Mitglied der `lpadmin`-Gruppe ist, eingerichtet, ist dies der Anlass, ihn zu nutzen.

3.4.4 Drucker im Heimnetz zu CUPS hinzufügen und einrichten

Genial: Wer einen Drucker mit USB-Schnittstelle besitzt, kann ihn nun mit dem Raspberry Pi verbinden und einschalten. Dank des Raspberry Pi haben Sie einen kostengünstigen Printserver im Heimnetz, den Sie von allen Computern aus zu Hause nutzen können. Neben den am Raspberry Pi anschließbaren Druckern unterstützt CUPS natürlich auch Drucker, die sich an anderen Computern im Heimnetz befinden (und dort freigegeben wurden), sowie klassische Netzwerkdrucker, die mit einem eingebauten Printserver kommen und ebenfalls über eine IP-Adresse im Heimnetz erreichbar sind.

Egal welcher Drucker bzw. Druckertyp zum Einsatz kommt – bei CUPS werden lokale direkt am Raspberry Pi angeschlossene Drucker, nur über das Netzwerk erreichbare Drucker sowie Drucker an entfernten Druckservern mit den gleichen Schritten eingerichtet. Wichtig ist nur, dass der oder die Drucker eingeschaltet und direkt oder indirekt über das Heimnetzwerk erreichbar sind. Lassen Sie zunächst die Suche im Heimnetz nach verfügbaren Druckern anlaufen. Nach Klicken auf die Schaltfläche *Verfügbare Drucker auflisten* werden schon viele Geräte automatisch gefunden.

Drucker im Heimnetz gefunden: Egal ob lokal am Raspberry Pi oder im Netzwerk – per Klick auf die *Weiter*-Schaltfläche kommen Sie zum nächsten Schritt.

PRINTSERVERFUNKTION

Soll der Drucker optional über den Raspberry Pi (Printserverfunktion) auch für andere Computer im Heimnetz zur Verfügung stehen, setzen Sie das zweite Häkchen bei *Freigeben von Druckern, welche mit diesem System verbunden sind* und geben den mit dem Raspberry Pi gekoppelten Drucker für die Computer im Heimnetz frei. Klicken Sie zum Übernehmen auf die *Einstellungen ändern*-Schaltfläche. Anschließend erwartet die Webseite eine erneute Bestätigung der Änderung. Lassen Sie sich von der eventuell vorher erscheinenden Seite *Das Sicherheitszertifikat der Webseite ist nicht vertrauenswürdig* nicht einschüchtern – an der IP-Adresse sehen Sie, dass dies der richtige Druckserver ist. Deshalb klicken Sie bei dieser Seite auf die Schaltfläche *Weiter/Trotzdem fortfahren*.

Wählen Sie den gewünschten Drucker aus und klicken Sie auf die *Weiter*-Schaltfläche, um dort den Treiber auszuwählen, der in der Regel im CUPS-Paket bereits enthalten sein sollte. Nach wenigen Augenblicken erscheint eine ganze Reihe von verfügbaren Treibern.

Druckerübersicht: Hier wählen Sie Testseite drucken aus, um zu sehen, ob der Drucker via Raspberry auch wirklich genutzt werden kann.

Oftmals sind für ein Modell mehrere Treiber gelistet – welcher davon die beste Druckqualität und Leistung bringt, ist ein Erfahrungswert, den Sie selbst aufbringen müssen. Nun ist der Drucker zur CUPS-Konfiguration hinzugefügt, doch druckt er auch? Den Testdruck können Sie im Register *Drucker* beim jeweiligen Drucker über das Ausklappfeld *Wartung* mit der Option *Testseite drucken* starten.

Kommt nach wenigen Minuten aus dem angeschlossenen Drucker eine Testseite zum Vorschein, wurde CUPS erfolgreich eingerichtet. Im nächsten Schritt lässt sich der installierte Netzwerkdrucker auch von den Office-Programmen verwenden – Sie können vor dem Druckvorgang auswählen, welche Seiten überhaupt wie oft gedruckt werden sollen.

3.5 Unterschiedliche Wege – Programme installieren

Egal ob Raspberry Pi 1, 2, 3 oder der kleine Raspberry Pi Zero – auch bei dem kleinsten Modell lassen sich auf der Kommandozeile per `apt-get install` sämtliche Programme installieren. Das Besondere an der `apt-get`-Paketverwaltung ist, dass sie die nötigen Programmabhängigkeiten zum größten Teil berücksichtigt. Deshalb sind die Bildschirmmeldungen bei der Installation zu lesen und zu verstehen, damit gegebenenfalls die fehlenden Pakete händisch nachinstalliert werden können.

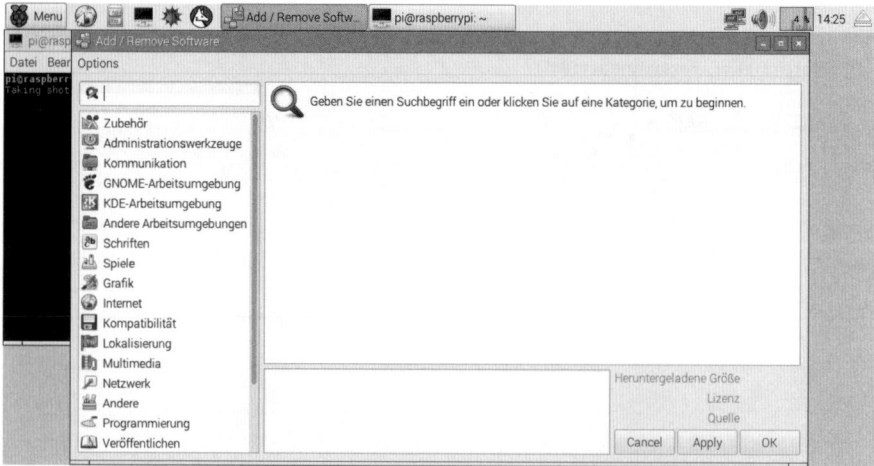

Auf der grafischen Oberfläche navigieren Sie mittels der Menüleiste über *Einstellungen* zur Option *Add/Remove Software*. Dort geben Sie im Suchfeld das gewünschte Schlagwort oder den Namen des Programms ein, das auf dem Raspberry Pi Zero installiert werden soll.

Neben `apt-get` ist bei Raspbian bei der Basisinstallation von Raspbian Jessie eine eigene Anwendung – der Pi Store – mit an Bord, der vom Look-and-feel mit einem App Store aus der Handywelt vergleichbar ist. Navigieren Sie im Pi Store durch die gelisteten Programme, Tools und Spiele und installieren die ausgewählte Pi Store-Anwendung mit einem Mausklick. Die jeweiligen Programmvoraussetzungen und Abhängigkeiten sind bereits bekannt und werden gegebenenfalls mitinstalliert.

Nach Registrierung und Anmeldung im Raspberry Pi Store reicht ein Klick auf die *Download*-Schaltfläche aus, um das gewünschte Programm herunterzuladen und zu installieren. Je nach Anwendung wird es im Menü in den jeweiligen Bereich einsortiert und lässt sich schließlich von dort aus auch starten. Ist das nicht der Fall, ist es bei manchen Programmen notwendig und auch möglich, sie direkt über den Pi Store zu starten. Dafür navigieren Sie im Pi Store in der Menüleiste zum Punkt *My Library*, um dort aus der Liste aller aus dem Store installierten Programme und Spiele das gewünschte Programm herauszusuchen. Anschließend lässt es sich per Klick auf die *Launch*-Schaltfläche starten. Wird das Programm auf dem Raspberry Pi nicht mehr benötigt, kann es über die *Delete*-Schaltfläche entfernt werden.

3.5.1   Paketinstallation in der Konsole über apt-get

Raspbian Jessie basiert wie seine Vorgänger auf der Debian-Distribution und nutzt zur Softwareinstallation auf der Konsole vorwiegend das Paketverwaltungssystem `apt-get`, mit dem Sie einzelne oder mehrere Programmpakete installieren, aktualisieren, ergänzen oder entfernen können. Dafür sind administrative `root`-Rechte nötig, die Sie mit einem vorangestellten `sudo`-Kommando erhalten. Zusätzlich ist als Option anzugeben, was `apt-get` überhaupt machen soll – die bekanntesten Optionen sind `update`, `upgrade` und `install`.

APT-GET-OPTION	BEMERKUNG
autoclean	Nicht mehr verwendete und veraltete Paketarchive und Beschreibungen werden automatisch bereinigt.
autoremove	Mit `autoremove` löscht `apt-get` automatisch alle nicht mehr verwendeten Pakete von der Speicherkarte.
build-dep	Abhängigkeiten für Quellpakete zusammenstellen und konfigurieren.
changelog	Für das angegebene Paket wird das sogenannte Changelog (Änderungsprotokoll) heruntergeladen und auf der Kommandozeile angezeigt.
check	Prüfung nach Abhängigkeiten bei der Installation des Pakets.

APT-GET-OPTION	BEMERKUNG
clean	Wird der Speicherplatz auf der Speicherkarte knapp, können Sie mit clean heruntergeladene Archivdateien entfernen.
dist-upgrade	Upgrade (Paketaktualisierung) für die installierte Raspbian-Distribution durchführen – beispielsweise von Wheezy nach Jessie.
download	Damit laden Sie das Programmpaket in das aktuelle Verzeichnis – meist in das /home-Verzeichnis des Users pi.
install	Neue angegebene Programmpakete installieren.
purge	Pakete inklusive Konfigurationsdateien von der Speicherkarte entfernen.
remove	Pakete von der Speicherkarte entfernen, die Konfigurationsdateien bleiben auf der Speicherkarte.
source	Quellarchive herunterladen.
update	Neue Paketinformationen holen.
upgrade	Upgrade (Paketaktualisierung) durchführen.

Laden Sie mit dem apt-get update-Kommando die aktuellsten Paketlisten für die Raspbian-Distribution herunter, die anschließend mit dem apt-get upgrade-Befehl aktualisiert werden. Einzelne Pakete und zusammengehörige Pakete werden mit apt-get install [Paketname] installiert. Sind in diesem Paket Abhängigkeiten vorhanden, werden diese ebenfalls automatisch mitinstalliert. Neben update, upgrade und install gibt es weitere Optionen für apt-get, Sie sehen sie zusammengefasst in der obigen Tabelle. Wer einen schnellen Breitbandinternetanschluss hat, hat den Raspberry Pi in wenigen Minuten per Kommandozeile auf den aktuellen Stand gebracht – hierfür geben Sie nach der Anmeldung auf dem Raspberry Pi folgende Befehle ein:

Das Kommando

```
sudo apt-get install
```

holt zu den aktuell installierten Paketen die neuesten Informationen. Wer unsicher ist, welcher Kernel beispielsweise im Moment im Einsatz ist, nutzt das uname-Kommando:

```
uname -a
```

Einen alten bzw. veralteten Kernel können Sie „upgraden" und brauchen nicht von vorne zu beginnen, indem Sie die Raspbian-Image-Datei installieren. Stattdessen nutzen Sie bei einem bestehenden System den Befehl:

```
sudo apt-get update
```

Erst nach einem update ergibt ein upgrade wirklich Sinn, da erst mit dem apt-get update-Kommando die lokale Paketdatenbank auf den aktuellsten Stand gebracht wird. Mit dem Befehl

```
sudo apt-get upgrade
```

aktualisieren Sie nun das installierte Raspbian, bei einem notwendigen Kernel-Upgrade verwenden Sie nach einem etwaigen Neustart per sudo reboot das dazu-gehörige Kommando:

```
sudo apt-get dist-upgrade
sudo reboot
```

Während apt-get upgrade sich primär um Anwendungen und Treiber kümmert, sorgt apt-get dist-upgrade für den aktuellsten Kernel und installiert dessen Updates. Hat das Installationsprogramm hier Änderungen durchgeführt, sollten Sie den Raspberry Pi neu starten und den Neustart live mitverfolgen. Nur dann haben Sie die Gewissheit, dass bei der Kernelaktualisierung alles gut gegangen ist und alle Dienste wieder starten.

3.6 Eingebaute oder nachgerüstete Bluetooth-Schnittstelle nutzen

Seit Raspbian Jessie wird das Bluetooth-Management auf dem Terminal über das bluetoothctl-Werkzeug abgewickelt – die alten Wheezy-Bluetooth-Spielregeln mit bluez-simple-agent, bluez-test-device und dergleichen funktionieren nicht mehr. Zwar sind generell beim Basis-Image von Raspbian Jessie die wichtigs-ten Werkzeuge mit an Bord, doch im Fall der integrierten Bluetooth-Schnittstelle installieren Sie für Raspbian Jessie die für den vollständigen Bluetooth-Betrieb notwendigen Pakete gegebenenfalls nach – wie beispielsweise den offiziellen Linux-Bluetooth-Protokollstack bluez. Wer statt eines Raspberry Pi 3 noch ein älteres Modell ohne integrierten Bluetooth-Chip verfügbar hat, kann stattdessen auch einen gewöhnlichen Bluetooth-USB-Stick verwenden – die beschriebenen Schritte funktionieren unter Debian Jessie analog.

```
sudo apt-get install bluetooth bluez blueman
```

Egal welches Gerät später über Bluetooth gekoppelt werden soll – die Einrich-tung der Bluetooth-Verbindung gestaltet sich in der Regel immer nach dem glei-chen Schema: einstecken, einschalten, Gerät mit Raspberry Pi koppeln und pairen, Bluetooth-Einstellungen sichern und in Betrieb nehmen. Mit den Bluetooth-

Werkzeugen lässt sich das Bluetooth-Gerät entweder über die grafische Benutzeroberfläche oder auf der Kommandozeile einrichten.

```
sudo apt-get install pulseaudio-module-bluetooth
```

Für den Sonderfall Bluetooth-Lautsprecher installieren Sie zusätzlich das Pulseaudio-Paket, das später für die Kommunikation zwischen Bluetooth und dem Audiosystem zuständig ist.

3.6.1 Bluetooth-Kopplung über die LXDE-GUI

Für die Einrichtung der Bluetooth-Geräte auf der GUI wird der Bluetooth-Manager verwendet, der über das Kommando `apt-get install bluetooth blueman` auf den Raspberry Pi installiert wurde. Nach der Installation lässt er sich im Menü über *Einstellungen/Bluetooth-Manager* aufrufen. Nach dem Programmstart klicken Sie auf die *Suche*-Schaltfläche und warten einen Moment. In diesem Scanmodus prüft das Programm die nähere Umgebung ab und listet alle erkannten Geräte in Funkreichweite auf. Es kann etwas dauern, bis wirklich alle Geräte gefunden sind – selbstverständlich nur jene, deren Sichtbarkeit auch aktiviert wurde.

Wurde das gewünschte Gerät gefunden, kann die Verbindung per Kontextmenü der rechten Maustaste aufgenommen werden.

Um das Pairen nicht bei jedem Neustart des Raspberry Pi erneut durchführen zu müssen, können Sie im Kontextmenü das jeweilige Gerät mit dem Attribut *Vertrauenswürdigkeit* versehen und die Verbindung der beiden Geräte per Klick auf *Kopplung* festzurren.

Der Umgang mit dem grafischen Frontend für die Einrichtung der Bluetooth-Geräte ist sehr übersichtlich und einfach gehalten, sorgt aber dennoch manchmal für Kopfschmerzen: Einige Geräte wie Bluetooth-Lautsprecher oder Tastaturen benötigen oftmals mehrere Versuche, bis sie ordnungsgemäß gekoppelt sind und funktionieren. Für Fortgeschrittene ist daher die Einrichtung über die Kommandozeile häufig der leichtere und vor allem der schnellere Weg.

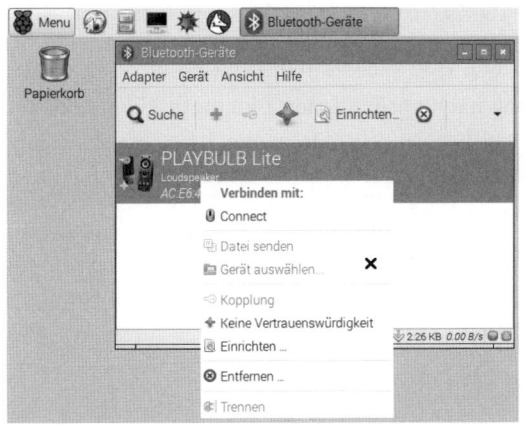

Manchmal träge: Der Einrichtungsassistent für Bluetooth-Geräte strapaziert die Nerven, denn je nach Gerät und Verbindungsqualität sind mehrere Versuche nötig, um eine funktionierende Verbindung zustande zu bringen.

3.6.2   Bluetooth-Kopplung über bluetoothctl-Kommandozeile

In der Regel wird die Sichtbarkeit des Bluetooth-Geräts mit dem Einschalten der Bluetooth-Funktion aktiviert. Schalten Sie also das Bluetooth-Gerät ein, das mit dem Raspberry Pi gekoppelt werden soll, und drücken Sie dort – falls vorhanden – die Bluetooth-Taste. Anschließend nutzen Sie auf der Kommandozeile des Raspberry Pi den Befehl:

```
hcitool scan
```

Das standardmäßig verfügbare Werkzeug hcitool prüft die nähere Umgebung auf verfügbare und nicht geschützte Bluetooth-Geräte. Mit dem Kommando

```
sudo bluetoothctl
```

lassen sich die Verbindungen der Geräte konfigurieren, dies geschieht über eine eigene Bluetooth-Konsole. Voraussetzung dafür ist jedoch, dass der Bluetooth-Dienst läuft. Dies prüfen Sie mit diesem Kommando:

```
sudo service bluetooth status
```

Gestartet wird der Bluetooth-Service mit dem Befehl:

```
sudo service bluetooth start
```

Läuft der Dienst, können Sie mit dem `bluetoothctl`-Werkzeug das gewünschte Bluetooth-Gerät mit dem Raspberry Pi koppeln:

```
sudo bluetoothctl
```

Generell gehen Sie Schritt für Schritt vor. Zunächst schalten Sie den Kopplungsmodus mit dem Aufruf von:

```
pairable on
```

Danach wird die nähere Umgebung nach vorhandenen Bluetooth-Geräten abgesucht. Dafür nutzen Sie das Kommando:

```
scan on
```

Nach wenigen Minuten sollte auf der Kommandozeile eine Liste der gefundenen Geräte erscheinen. Sind das zu verbindende Gerät sowie die Sichtbarkeit eingeschaltet, meldet sich das Gerät umgehend mit seiner Bluetooth-ID sowie dem Gerätenamen auf dem Terminal zurück.

```
[bluetooth]# scan on
Discovery started
[    ] Controller B8:27:EB:9E:32:23 Discovering: yes
[NEW] Device 90:03:B7:C9:F2:2D Flower power F22D
[NEW] Device D5:C============ MiniBeacon_11626
[    ] Device 64:C============ RSSI: -51
[    ] Device D5:C============ RSSI: -49
[    ] Device AC:C============ RSSI: -62
[    ] Device 90:03:B7:C9:F2:2D RSSI: -62
[    ] Device D5:C============ RSSI: -70
[    ] Device 90:03:B7:C9:F2:2D RSSI: -76
[bluetooth]# pair 90:03:B7:C9:F2:2D
Attempting to pair with 90:03:B7:C9:F2:2D
[    ] Device 90:03:B7:C9:F2:2D Connected: yes
[    ] Device 90:03:B7:C9:F2:2D UUIDs:
        00001800-0000-1000-8000-00805f9b34fb
        00001801-0000-1000-8000-00805f9b34fb
        0000180a-0000-1000-8000-00805f9b34fb
        0000180f-0000-1000-8000-00805f9b34fb
        39e1fa00-84a8-11e2-afba-0002a5d5c51b
        39e1fb00-84a8-11e2-afba-0002a5d5c51b
        39e1fc00-84a8-11e2-afba-0002a5d5c51b
        39e1fd00-84a8-11e2-afba-0002a5d5c51b
        39e1fe00-84a8-11e2-afba-0002a5d5c51b
        f000ffc0-0451-4000-b000-000000000000
[    ] Device 90:03:B7:C9:F2:2D Paired: yes
Pairing successful
[    ] Device 90:03:B7:C9:F2:2D Appearance: 0x0006
[    ] Device 90:03:B7:C9:F2:2D Icon: unknown
[    ] Device 90:03:B7:C9:F2:2D Modalias: bluetooth:v0043p0000d0110
[bluetooth]# connect 90:03:B7:C9:F2:2D
Attempting to connect to 90:03:B7:C9:F2:2D
Connection successful
[    ] Device 90:03:B7:C9:F2:2D Connected: no
[bluetooth]# scan off
[    ] Device AC:E6:C============ RSSI is nil
[    ] Device 64:A5:C============ RSSI is nil
[    ] Device D5:11:C============ RSSI is nil
[    ] Device 90:03:C============ RSSI is nil
Discovery stopped
[    ] Controller B8:27:EB:9E:32:23 Discovering: no
[bluetooth]# trust 90:03:B7:C9:F2:2D
[    ] Device 90:03:B7:C9:F2:2D Trusted: yes
Changing 90:03:B7:C9:F2:2D trust succeeded
[bluetooth]# █
```

Pairing eines Bluetooth-Devices mit dem `bluetoothctl`-Werkzeug auf der Kommandozeile.

In diesem Fall merken Sie sich die zurückgelieferte Mac-Adresse, die im Format AA:BB:CC:DD:EE:FF angezeigt wird. Nun sind die Voraussetzungen erfüllt, um das Gerät mit dem Raspberry Pi zu verheiraten. Im nächsten Schritt koppeln Sie anhand der Mac-Adresse die Tastatur mit dem Raspberry Pi. Mit dem Kommando

```
pair AA:BB:CC:DD:EE:FF
```

stoßen Sie das sogenannte Pairing der Geräte an. Meist ist die passende Pin 0000 oder 1234 – geben Sie sie in das Terminalfenster ein und bestätigen Sie sie mit der Enter -Taste. Gegebenenfalls müssen Sie die gleiche Pin auch auf dem Bluetooth-Gerät eingeben und dort ebenfalls mit Enter bestätigen. Generell sind mehrere Versuche nötig, bis die Verbindung steht. Ist das gewünschte Gerät gefunden, deaktivieren Sie den Suchmodus wieder:

```
scan off
```

Nach dem erfolgreichen Pairing fügen Sie die Tastatur als vertrauenswürdiges Gerät hinzu. Das hat den Vorteil, dass Sie nicht jedes Mal nach einem Systemneustart das Gerät erneut pairen und die bisher beschriebene Prozedur wieder durchlaufen müssen. Mit der entsprechenden Mac-Adresse ausgerüstet, setzen Sie das Kommando

```
trust AA:BB:CC:DD:EE:FF
```

ab und markieren das Gerät entsprechend. Mit dem Kommando

```
connect AA:BB:CC:DD:EE:FF
```

nehmen Sie Verbindung zu dem Gerät auf, und das Bluetooth-Gerät sollte unter dem Raspberry Pi nutzbar sein. Statusinformationen zu der aktiven Verbindung erhalten Sie mit diesem Befehl:

```
info AA:BB:CC:DD:EE:FF
```

Den Befehlsfenstermodus des bluetoothctl-Kommandos beenden Sie mit dem exit-Befehl.

4 RASPBERRY PI IM NETZWERK

Wenn Sie den Raspberry Pi Zero in das Heimnetz und in das Internet bringen möchten, muss er über einen USB-Ethernet-Adapter samt Kabel an den Verteiler (Router) angeschlossen werden. Alternativ können Sie auch per Funk eine Netzwerkverbindung anlegen. Dazu benötigen Sie nur einen passenden WLAN-Adapter für den Raspberry Pi Zero. Egal ob Sie sich für die drahtlose oder die kabelgebundene Variante entscheiden – beide müssen extra gekauft werden und sind im Lieferumfang des Raspberry Pi Zero nicht enthalten. Bei den großen Raspberry-Pi-Modellen 2 und 3 befindet sich auf der Platine eine Ethernet-Buchse für den kabelgebundenen Netzwerkanschluss, und seit der Veröffentlichung der Platine Raspberry Pi 3 Modell B sind dort standardmäßig auch Bluetooth und WLAN mit an Bord. Im Zweifelsfall sollten Sie aus diesem Grund den aktuelleren Raspberry Pi 3 gegenüber den Vorgängern Raspberry Pi 1 und 2 bevorzugen, damit entfallen die Zusatzkosten für den USB-WLAN-Adapter.

Technisch spielt es keine große Rolle, welche Netzwerkschnittstelle Sie im Endeffekt nutzen, denn standardmäßig ist auf dem Raspberry Pi ein DHCP-Client aktiv, der seine Netzwerkparameter vom DHCP-Server (*Dynamic Host Configuration Protocol*) im Heimnetz bezieht. Bekanntlich liefert DHCP nicht nur die IP-Adresse, sondern übermittelt auf Wunsch auch automatisch die Einstellungen zu den DNS-Servern, dem Gateway, der Netzmaske, der Domäne etc. samt Optionen. Die IP-Adresse des Netzwerkadapters des Raspberry Pi kann statisch – aber in Abhängigkeit von der MAC-Adresse des Rechners – oder dynamisch zugewiesen werden. Kurzum: In der Basiskonfiguration bekommt der Raspberry Pi seine IP-Adresse und die dazugehörigen Netzwerkeinstellungen automatisch zugewiesen.

4.1 Eingebauten WLAN-Adapter nutzen oder nachrüsten: Achtung, Chipsatz

Neue für den Raspberry Pi angepasste Betriebssysteme bringen seit Oktober 2012 eine eingebaute Kerneltreiberunterstützung für USB-WLAN-Adapter mit, die auf dem Realtek-Chipsatz (RTL8188CUS etc.) beruhen.

So installieren Sie entweder den Raspberry Pi per Neuaufspielen des Betriebssystem-Images samt Neueinrichtung der Dienste etc. neu, oder Sie aktualisieren das System über die bekannten Kommandos:

```
001  sudo apt-get update
002  sudo apt-get install raspberrypi* raspi-config
003  sudo apt-get upgrade
```

Planen Sie also den Einsatz eines WLAN-Adapters am Raspberry Pi, sollten Sie bereits beim Kauf darauf achten, dass er mit einem Chip der Marke Realtek – dem RTL8188CUS – ausgestattet ist.

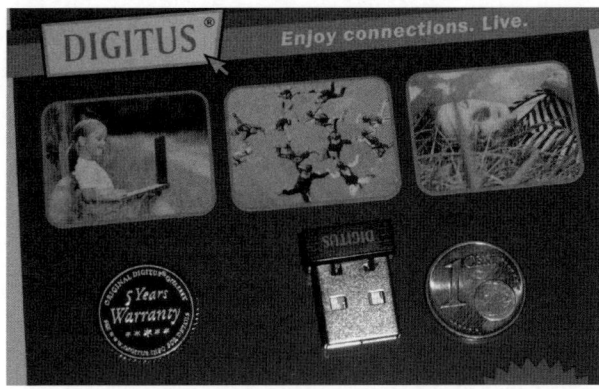

Der Realtek RTL8188CUS ist sehr verbreitet und steckt in vielen USB-WLAN-Adaptern von unterschiedlichen Herstellern – hier im Digitus Nano, der kaum größer als eine 1-Cent-Münze ist –, erhältlich für rund 8 Euro im Fachhandel.

Sie können ohne weiteres Zutun die Steckkarte nutzen und sie direkt mit den passenden WLAN-Tools oder per Konfigurationsparameter über die Netzwerkeinstellung des Raspberry Pi konfigurieren. Grundsätzlich erfahren Sie auf der Kommandozeile mit dem lsusb- sowie dem dmesg-Kommando, welche Geräte gerade auf dem USB-Bus aktiv sind.

HERSTELLER	WLAN-ADAPTER	USB-ID
Belkin Components	F7D1102 N150/Surf Micro Wireless Adapter v1000	050d:1102
D-Link	DWA 121 802.11n Wireless N 150 Pico Adapter	2001:3308
D-Link	DWA 130C Wireless N USB Adapter	2001:3302
Edimax Technology	EW 7811Un 802.11n Wireless Adapter	7392:7811
Guillemot Corp.	Hercules HWNUp 150 802.11n Wireless N Pico*	06f8:e033
NetGear	WNA1000M 802.11bgn Wireless Adapter	0846:9041
PLANEX	GW USNano2 802.11n Wireless Adapter	2019:ab2a
PLANEX	GW USValue EZ 802.11n Wireless Adapter	2019:ed17
Realtek	802.11n WLAN N Adapter	0bda:8176
TRENDnet	TEW 648UBM 802.11n 150 Mbps Micro Wireless N Adapter	20f4:648b
Ralink	RT2870/RT3070 Wireless Adapter	148f:3070

RASPBERRY PI ZERO: USB-ADAPTER/USB-HUB NÖTIG

Der USB-LAN-Adapter bzw. der USB-WLAN-Stick benötigt jeweils einen USB-Anschluss. Werden zusätzlich eine Maus und eine Tastatur eingesetzt, kommen Sie bei dem Raspberry Pi Zero nicht weit, denn er hat lediglich eine einzige Micro-USB-Buchse. Um die gewünschten Geräte anzuschließen, benötigen Sie einen USB-Hub mit eigener Stromversorgung, der anschließend idealerweise auch die Stromversorgung für den Raspberry Pi übernehmen kann.

```
                                                         pi@rpi-zero: ~
pi@rpi-zero:~ $ lsusb
Bus 001 Device 006: ID 0b95:772a ASIX Electronics Corp. AX88772A Fast Ethernet
Bus 001 Device 010: ID 0bda:8176 Realtek Semiconductor Corp. RTL8188CUS 802.11n WLAN Adapter
Bus 001 Device 008: ID 046d:c077 Logitech, Inc.
Bus 001 Device 007: ID 20a0:0001 Clay Logic
Bus 001 Device 004: ID 1a40:0101 Terminus Technology Inc. 4-Port HUB
Bus 001 Device 005: ID 0b38:0010 Gear Head 107-Key Keyboard
Bus 001 Device 003: ID 058f:6254 Alcor Micro Corp. USB Hub
Bus 001 Device 002: ID 05e3:0608 Genesys Logic, Inc. USB-2.0 4-Port HUB
Bus 001 Device 001: ID 1d6b:0002 Linux Foundation 2.0 root hub
pi@rpi-zero:~ $ ▮
```

Über den Befehl lsusb -v wird in der Regel auch der verbaute Chip im WLAN-Adapter angezeigt. Wenn nicht, können Sie anhand der Geräte-ID – erkennbar am Format *1234:1234* – weiter recherchieren.

Wird der WLAN-Adapter über die Kommandozeile per lsusb-Befehl angezeigt, können Sie mit den Netzwerkeinstellungen und der WLAN-Konfiguration starten.

VOR DEM WLAN-STICK-TEST DAS LAN-KABEL ZIEHEN

Funktioniert das WLAN nicht, hat das in der Regel einen banalen Grund: Je nach installierter Version und Betriebssystem priorisiert das installierte Betriebssystem die LAN-(eth0-)Schnittstelle und nimmt das WLAN trotz installierter Treiber nicht komplett in Betrieb. Wer also seinen WLAN-Stick ausprobieren will, sollte vor dem Start des Raspberry Pi das LAN-Kabel ziehen, falls beide Schnittstellen aktiviert sind.

Beachten Sie, dass bei vielen WLAN-Adaptern wie beispielsweise dem günstigen Edimax-USB-WLAN-Stick eine Energiesparfunktion aktiviert ist, die dafür sorgt, dass er nach einer gewissen Zeit der Inaktivität die Netzwerkverbindung unterbricht. Damit ist/wäre der Raspberry Pi von außen nicht mehr erreichbar. Diese Schwäche lässt sich durch die Konfigurationsdatei ausmerzen. Die Bezeichnung der Konfigurationsdatei ist analog zur Treiberbezeichnung, die bei einem WLAN-

Stick über das lsusb-Kommando ausgegeben wird. In diesem Beispiel lautet der Treibername 8188cus, was die Bezeichnung im Verzeichnis /etc/modprobe.d/ vorgibt:

```
sudo nano /etc/modprobe.d/8188cus.conf
```

Dort wird dann nachstehende Zeile eingetragen:

```
options 8188cus rtw_power_mgnt=0 rtw_enusbss=0
```

Nach dem Speichern und einem Neustart des Raspberry Pi ist die Änderung aktiv.

4.1.1   Mit Sicherheit: Netzwerkeinstellungen festlegen

Unmittelbar nach dem Einstecken des USB-WLAN-Adapters sorgt ein Prozess im Hintergrund dafür, dass für das Gerät auch ein passender Geräteanschluss zur Verfügung gestellt wird. Bei einem Raspberry Pi 3 ist dieser naturgemäß bereits vorhanden, da er standardmäßig einen WLAN-Chip mitbringt.

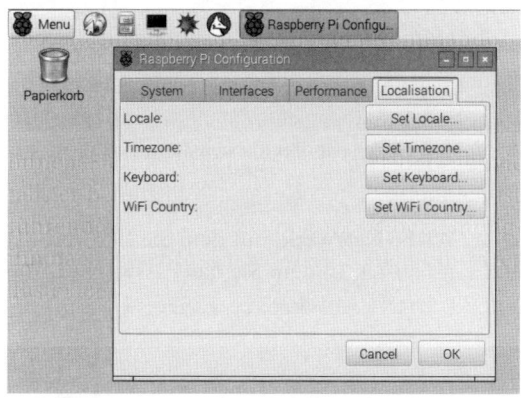

Über das grafische raspi-config-Werkzeug passen Sie zunächst beim Raspberry Pi 3 im Register *Localisation* den Standort des Wi-Fi-Chips an, damit die Funkfrequenz auch den örtlichen Gegebenheiten entspricht.

In beiden Fällen ist unter der Bezeichnung *wlan0* die drahtlose Netzwerkschnittstelle vorhanden, die im nächsten Schritt für Ihr heimisches WLAN konfiguriert werden muss. Dazu benötigen Sie neben der SSID – der Bezeichnung des WLAN-Netzwerks – auch das dazugehörige Zugangskennwort für den WLAN-Router, der (hoffentlich) mit einem sicheren WPA2-Kennwort abgesichert ist.

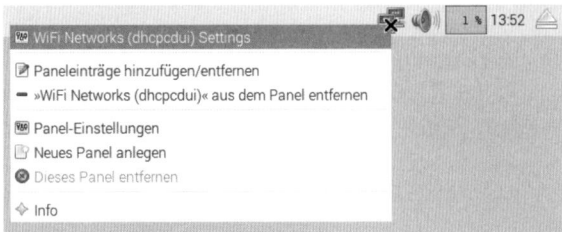

Durch einen Doppelklick auf *WiFi Networks (dhcpcdui) Settings* lässt sich der Konfigurationsdialog für das gewünschte WLAN-Netz auswählen, und dort legen Sie – falls gewünscht – eine statische IP-Adresse für den WLAN-Adapter fest.

Am schnellsten nehmen Sie mit dem heimischen WLAN Verbindung auf, indem Sie in der Menüleiste auf das Netzwerksymbol klicken und dort über das Kontextmenü der rechten Maustaste zur gewünschten WLAN-SSID des Heimnetzes navigieren.

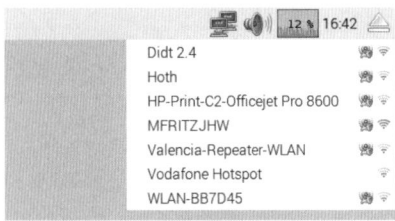

Im ersten Schritt klicken Sie auf dem Rasp-bian-Desktop in der Menüleiste auf das Netzwerksymbol und navigieren zu „Ihrem" WLAN.

Im nächsten Schritt klicken Sie auf das Wi-Fi-Netzwerk, mit dem Sie sich verbinden wollen. Es öffnet sich umgehend ein Fenster, in dem Sie das Passwort für die Verbindung eingeben können.

Tragen Sie das Kennwort Ihres WLAN/LAN-Routers für den Zugriff auf das WLAN-Netz ein. Haben Sie das Kennwort noch nicht verändert, befindet es sich in der Regel auf dem Aufkleber auf der Gehäuserückseite des WLAN/LAN-Routers.

Sind die Netzwerkparameter korrekt eingetragen und das Funknetz ordnungsgemäß initialisiert, werden die Verbindungsparameter (SSID samt Kennwort) gespeichert. Diese Einträge lassen sich später bei Bedarf bequem anpassen und sind im Klartext in der Datei /etc/network/interfaces bzw. in der /etc/wpa_supplicant/wpa_supplicant.conf gespeichert.

```
sudo nano /etc/wpa_supplicant/wpa_supplicant.conf
```

Diese Konfiguration ist wie nachstehend aufgebaut – dort finden Sie die obigen Änderungen übersichtlich im Textformat.

```
001  ctrl_interface=DIR=/var/run/wpa_supplicant GROUP=netdev
002  update_config=1
003  country=DE
004
005  network={
006          ssid="WLANSSID"
007          psk="PASSWORGFUERWLANWPA2"
008          key_mgmt=WPA-PSK
009  }
```

Anschließend prüft der Raspberry Pi die WLAN-Umgebung, sucht das passende Funknetz, verbindet sich und zeigt den Status in der Menüleiste an. Falls noch ein kabelgebundener Netzwerkadapter im Einsatz ist, entfernen Sie ihn oder trennen zumindest das Netzwerkkabel, damit der WLAN-Router dem Raspberry Pi auch eine IP-Adresse zuweisen kann. Alternativ fahren Sie den Raspberry Pi per Shutdown herunter, trennen die kabelgebundene Verbindung und starten den Raspberry Pi neu.

4.2   Raspberry Pi über SSH steuern: PuTTY, Terminal & Co. im Einsatz

Ein besonders sicherer Zugriff auf Unix-basierte Systeme ist grundsätzlich über eine sogenannte sichere, verschlüsselte Verbindung nicht nur möglich, sondern über das Internet aus Sicherheitsgründen auch dringend zu empfehlen. Erfolgt der Zugriff über die WLAN-Schnittstelle, gilt dies umso mehr. So wird nicht nur das WLAN im Allgemeinen durch eine sichere Routerkonfiguration mit dem Einsatz von WPA/WPA2 sicherer, auch der Zugriff via SSH sorgt für zusätzliche Sicherheit, damit Unbefugte keinen Unsinn auf dem Zielcomputer anstellen können. Ist der SSH-Zugriff einmal eingerichtet, können Sie benutzerabhängig nahezu nach Belieben auf die System- und Nutzerdaten auf dem Zielcomputer zugreifen, Daten hin- und herkopieren und vieles mehr.

4.2.1   Praktisch und sicher: Zugriff über SSH

Ein Raspberry Pi wie der kleine Zero benötigt für seinen Betrieb keine angeschlossene Peripherie wie Maus, Tastatur oder Bildschirm und ist aufgrund dieser Flexibilität auch für außergewöhnliche Orte interessant. Wer seinen Raspberry Pi mit installiertem Linux beispielsweise in der Garage als Sensorüberwachung betreiben, aber bequem vom Schreibtisch oder vom Sofa aus administrieren möchte, der wird die SSH-Funktionalität zu schätzen wissen. Damit lässt sich die entfernte Kommandozeile quasi so auf den lokalen Rechner holen, als säße man direkt in der Garage samt angeschlossenem Bildschirm und Tastatur davor. Nach dem erstmaligen Einschalten des Raspberry Pi starten Sie über *Menu/Preferences/Raspberry Pi Configuration* den Konfigurationsdialog, in dem sich der Start des SSH-Servers festzurren lässt, damit er nach jedem Einschalten zur Verfügung steht. Anschließend können Sie sich über das Netzwerk mit jedem beliebigen Client über das sichere SSH-Protokoll mit dem Raspberry Pi verbinden.

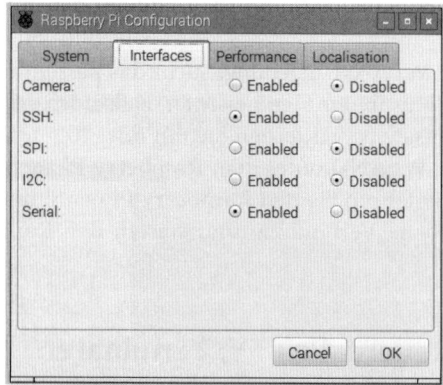

Grundvoraussetzung für den SSH-Zugriff ist selbstverständlich ein installierter SSH-Client auf dem Computer sowie ein eingeschalteter SSH-Server auf dem Raspberry Pi. Dies richten Sie per Klick auf den *Enabled*-Radiobutton bei *SSH* ein.

Manche Betriebssysteme wie Mac OS X und Linux bringen nicht nur einen eingebauten SSH-Client, sondern auch einen eingebauten SSH-Server mit, und damit ist es möglich, von nicht Unix-basierten Betriebssystemen wie Windows darauf zuzugreifen. Auch dafür ist jedoch die Installation eines SSH-Clients notwendig.

4.2.2 Keine Installation nötig: Windows-Zugriff über PuTTY

Falls noch nicht geschehen: Laden Sie sich ein SSH-Clientprogramm auf den Windows-PC, um den sicheren Zugriff auf den Mac zu ermöglichen. PuTTY ist für Puristen der Kommandozeile eine wahre Freude, wer lieber in der Fensterwelt arbeiten möchte, für den steht mit WinSCP (*www.winscp.com/*) ein entsprechendes Werkzeug zur Verfügung.

Nach dem Herunterladen von PuTTY bzw. WinSCP stellen Sie die Verbindung mit dem Raspberry Pi her.

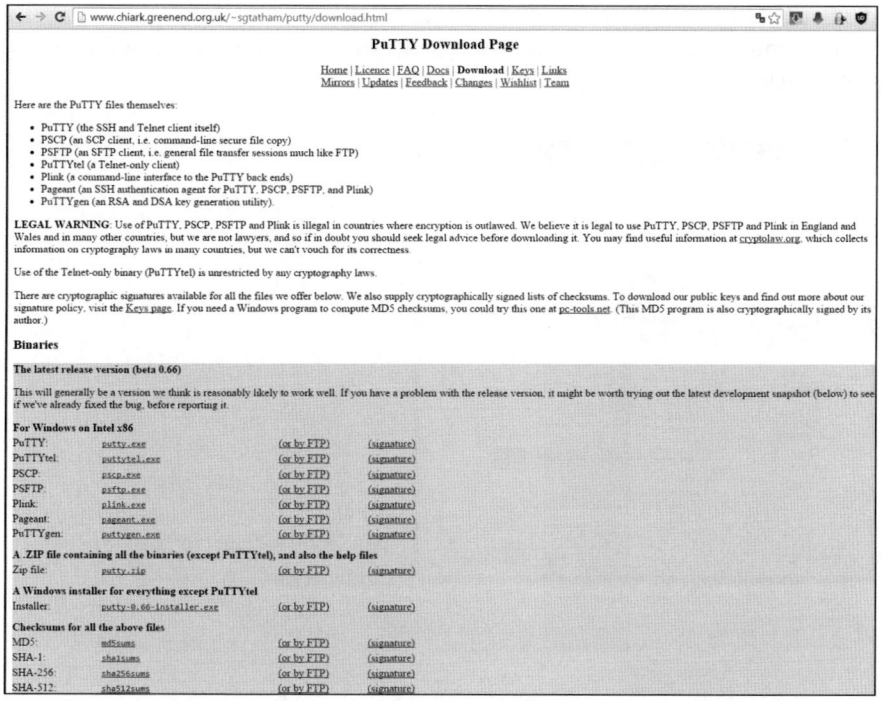

Unter der URL *www.putty.org* oder *www.chiark.greenend.org.uk/~sgtatham/putty/download.html* erhalten Sie das praktische Werkzeug PuTTY, mit dem per Kommandozeile auf Unix/Linux-basierte Geräte zugegriffen werden kann.

Praktisch und übersichtlich: PuTTY-Vollbildmodus einschalten

Vor allem am Anfang bei der Einrichtung des Raspberry Pi ist man sehr viel auf der Konsole beschäftigt, bis der Raspberry Pi so weit eingerichtet ist, wie man es sich wünscht. Gerade beim Neustart von PuTTY ist es lästig, dauernd das Fenster mit der Maus auf die gewünschte Größe einzustellen – hier ergibt die Vollbildanzeige viel mehr Sinn. Sie können sie über die Tastenkombination [Alt]+[Enter] bei aktiviertem PuTTY nutzen und so auch wieder in den Fenstermodus zurückwechseln.

Um den Vollbildmodus standardmäßig einzuschalten, wählen Sie bei gestartetem PuTTY im linken Fensterbereich den Eintrag *Behaviour* aus und aktivieren dort anschließend die Funktion *Full screen on Alt-Enter*. Soll das nicht nur für das aktuelle, sondern auch zukünftig für alle anderen Terminalfenster gelten, speichern Sie die Einstellung im Bereich *Session*. Dort markieren Sie unter *Load, save or delete a stored session* den Eintrag *Default Settings* und klicken anschließend auf die *Save*-Schaltfläche.

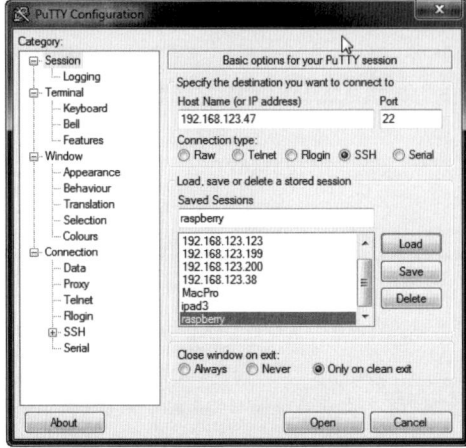

Ist die Tastenkombination [Alt] + [Enter] nicht aktiviert, können Sie den PuTTY-Vollbildmodus auch per Rechtsklick in die Titelleiste des Terminalfensters starten.

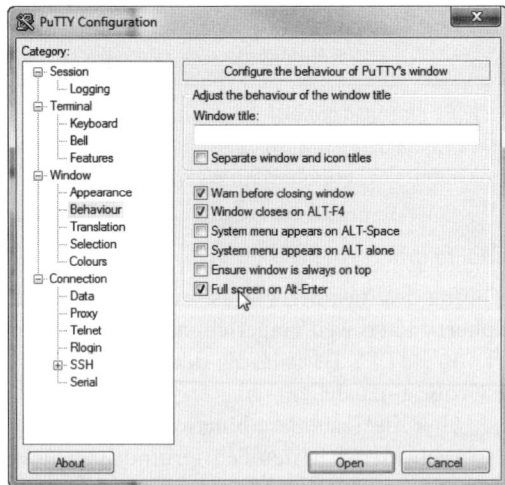

Wer PuTTY im Vollbild, also im Fullscreen-Modus, verwenden möchte, setzt das passende Häkchen.

Bei einer bereits bestehenden gespeicherten Session zählt die Anpassung jedoch nicht, Sie müssen zunächst das entsprechende Profil laden, die Tastenkombination wie oben beschrieben aktivieren und dann das Profil wieder speichern.

4.2.3   Raspberry Pi per Mausklick abschalten

Auf der Download-Seite von PuTTY ist mit der Bezeichnung plink.exe ein zusätzliches Programm zu finden, das mit dem Terminalprogramm putty interagiert. Dieses legen Sie in dasselbe Verzeichnis, in dem bereits das Programm putty.exe abgelegt ist. In dem nachstehenden Beispiel liegen sowohl die Datei putty.exe als auch die Datei plink.exe im Verzeichnis C:\ der Windows-Festplatte. Anschließend erstellen Sie mit einem Editor eine Batchdatei mit folgendem Inhalt:

```
001  echo off
002  c:\plink.exe -ssh -pw openelec root@192.168.123.47 poweroff
003  exit
```

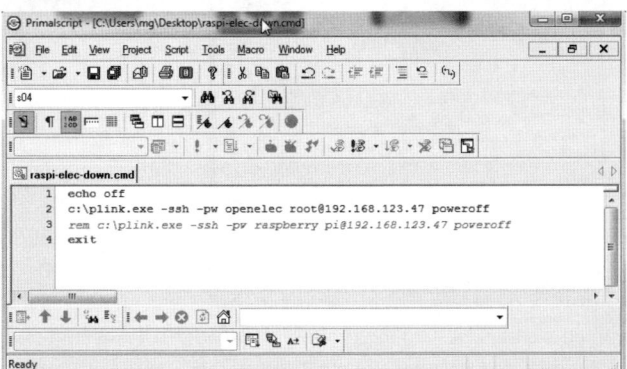

In diesem Beispiel werden der Benutzer root und das Passwort openelec genutzt – bei einer Standard-Raspberry-Pi-Installation lautet der Benutzer pi, das Passwort ist raspberry.

Speichern Sie die Datei dann unter einer aussagekräftigen Bezeichnung mit der Dateiendung .cmd ab. Die Datei kann im selben Verzeichnis wie die PuTTY-Tools abgelegt werden – anschließend ist eine Desktopverknüpfung auf die CMD-Batchdatei notwendig. Alternativ legen Sie die CMD-Datei direkt auf dem Windows-Desktop an. Dann ersparen Sie sich das Einloggen und Herunterfahren des Raspberry Pi.

4.2.4   Bequem Daten kopieren mit WinSCP

Wer sich auf der Kommandozeile (noch) etwas unwohl fühlt, muss nicht verzagen – als PuTTY-Ersatz steht unter Windows der bequeme Dateimanager Win-SCP kostenfrei unter *www.winscp.net/de* zur Verfügung. Nach Download und Installation brauchen Sie nur noch die Verbindung zum Raspberry Pi einzurichten, um dann Daten von und zum Raspberry Pi zu übertragen. Beim ersten Start von WinSCP öffnet sich ein Verbindungsassistent, der bei der Einrichtung einer neuen Verbindung behilflich ist. In diesem Schritt benötigen Sie den Hostnamen oder besser die lokale IP-Adresse des Raspberry Pi. Diese entnehmen Sie entweder der

Netzwerkübersichtsseite des WLAN/LAN-Routers, in dem alle Geräte im lokalen Netzwerk gelistet sind, oder Sie klicken direkt in der Menüleiste auf das Netzwerksymbol des Raspberry Pi. Alternativ steht auch das Terminal des Raspberry Pi bereit – dort verwenden Sie einfach das `ifconfig`-Kommando, um die zugewiesene IP-Adresse abzulesen.

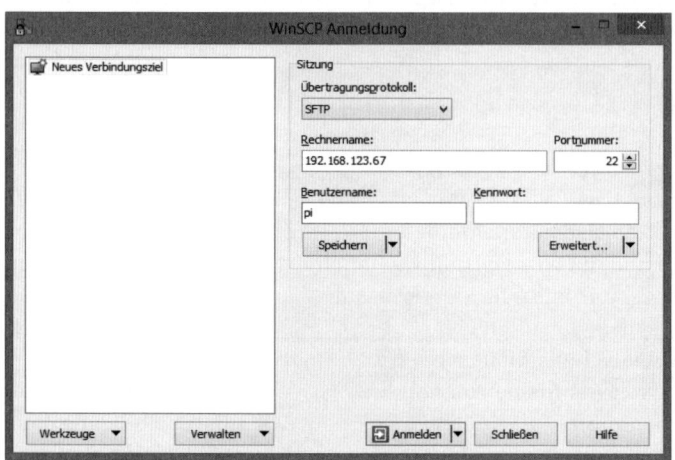

In diesem Dialogfenster wählen Sie bei *Übertragungsprotokoll SFTP* oder *SCP* aus und tragen bei *Rechnername* die IP-Adresse des Raspberry Pi ein. Die voreingestellte Portnummer 22 muss nicht angepasst werden, im Feld *Benutzername* wird die Kennung pi eingetragen, und das dazugehörige Passwort landet schließlich im Feld *Kennwort*. Per Klick auf die *Anmelden*-Schaltfläche wird der Verbindungsaufbau gestartet.

Nach dem Anmelden erscheint der WinSCP-Dateimanager. Auf der linken Seite wird die Festplatte des Computers angezeigt, rechts ist der Inhalt der Speicherkarte des Raspberry Pi zu sehen. Konkret ist sinnvollerweise das Home-Verzeichnis /home/pi des Benutzers pi gemappt und steht für verschiedene Funktionen bereit. Beispielsweise können Sie mit WinSCP beide Verzeichnisansichten links und rechts vergleichen, synchronisieren oder Daten von rechts nach links (oder umgekehrt) kopieren.

Um die offene Netzwerkverbindung zum Raspberry Pi zu schließen, müssen Sie sich nicht klassischerweise abmelden – es reicht das einfache Beenden von WinSCP auf dem Clientcomputer aus. Bei einem erneuten Start von WinSCP befinden sich die Anmeldedaten im Begrüßungsdialog – je nach persönlicher Vorliebe können Sie dort die Speicherung des Benutzers und des Kennworts aktivieren, um das automatische Log-in einzuschalten.

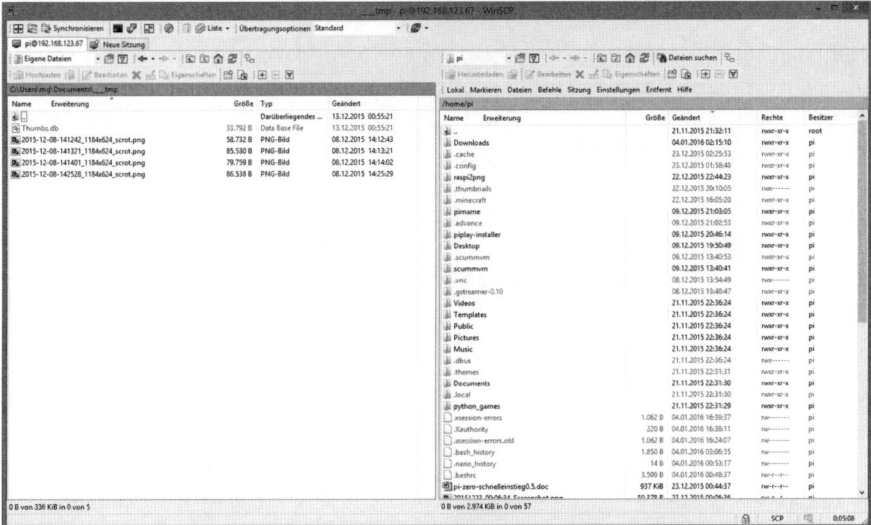

Mit WinSCP kopieren Sie die eigenen Dateien vom Raspberry Pi bequem auf Ihren Computer – oder umgekehrt, wenn Sie Bilder, Filme oder Programme auf dem Raspberry Pi starten möchten.

4.2.5   Mac OS X: SSH-Zugriff über die eingebaute Konsole

Anders als bei Windows ist der SSH-Client bei Mac OS X schon von Haus aus dabei. Also ist nur noch das Öffnen eines Terminalfensters über *Programme/ Dienstprogramme/Terminal* nötig, dann lässt sich per Befehl

```
ssh root@IP-ADRESSE
```

der Zugriff auf den Zielcomputer herstellen. Nach Eingabe des Passworts steht das Dateisystem der Gegenstelle zur Verfügung. Wer es noch etwas bequemer mag, holt sich die Freeware Cyberduck, mit der man einfach per Drag-and-drop Dateien und ganze Verzeichnisse zwischen Mac und Zielcomputer hin- und herschieben kann.

Vor dem Verbindungsaufbau konfigurieren Sie Cyberduck, wie in der folgenden Abbildung zu sehen, mit dem SFTP-Protokoll und tragen bei *Server* die IP-Adresse des Raspberry Pi ein. Alternativ nutzen Sie hier – falls konfiguriert – den DNS-Namen der Gegenstelle. Die Standardeinstellung für den SSH-Port ist 22 und braucht nicht geändert zu werden.

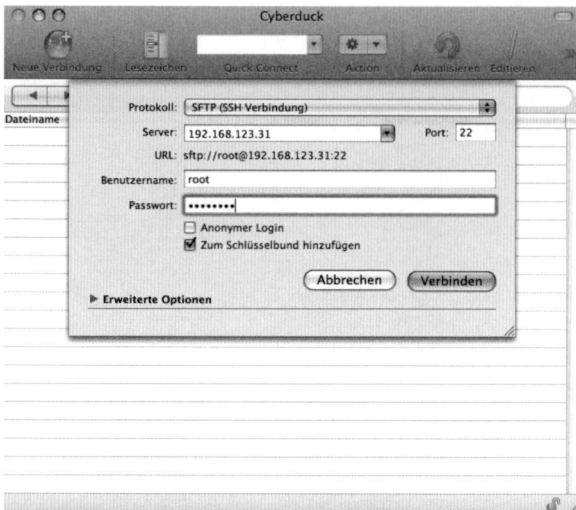

Nach Download, Installation und Start von Cyberduck stellen Sie zunächst per Klick auf *Neue Verbindung* eine Verbindung her.

Für *Benutzername* verwenden Sie den Account, der für den Zielcomputer zur Verfügung steht, und bei *Passwort* tragen Sie das dazugehörige Kennwort ein.

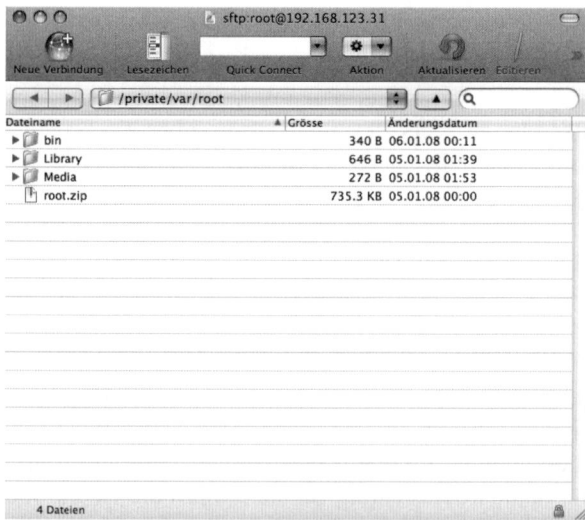

Ist Cyberduck via SSH verbunden, können Sie mit der Maus im Dateisystem navigieren.

Sobald der SSH-Zugriff erfolgreich hergestellt ist, lässt sich nach Belieben schalten und walten: Das Haupteinsatzgebiet über die SSH-Konsole ist die Fernwartung des

Zielcomputers, was sich nun nicht nur ruck, zuck bewerkstelligen lässt, sondern dank der genutzten Verschlüsselung auch sicher vonstattengeht.

4.2.6   Ubuntu: SSH-Zugriff nachrüsten

Ähnlich wie bei Mac OS X ist bei Linux-Systemen in der Regel der SSH-Client mit an Bord. Doch manchmal kommt es bei extrem schlank konfigurierten Linux-Derivaten vor, dass er nachinstalliert werden muss: Bei dem weitverbreiteten Ubuntu-Linux beispielsweise nutzen Sie den Befehl

```
sudo apt-get install ssh
```

um die SSH-Clientinstallation auf dem Linux-System nachzuholen. Wenn Sie sich zu einem Linux-Server verbinden möchten, dort aber kein SSH-Gegenstück existiert, verwenden Sie das Kommando:

```
sudo apt-get install openssh-server
```

4.3   Datei- und Druckdienste im Heimnetz

Nur um den Raspberry Pi im Netz zu betreiben und mit mehreren Rechnern etwa vom Sofa aus surfen zu können, wäre ein Netzwerk zu Hause viel zu schade. Schnell werden Sie feststellen, wie praktisch es ist, Daten zwischen mehreren Computern auszutauschen, Druckaufträge über einen zentralen Drucker auszugeben oder Digitalfotos für alle im Netz bereitzustellen und vieles mehr. Alles ist mit Bordmitteln machbar, und auch Sicherheitsaspekte kommen nicht zu kurz. Sie benötigen allerdings ein paar Grundvoraussetzungen zum reibungslosen Betrieb. Um im Heimnetz mit anderen Rechnern Daten auszutauschen, sind folgende Voraussetzungen notwendig:

- TCP/IP ist installiert.
- Die Arbeitsgruppe ist eingerichtet.
- Die Rechnernamen sind eingetragen.
- Auf einem oder mehreren Computern ist mindestens ein Ordner oder Laufwerk freigegeben.
- Freigabenamen dürfen keine Umlaute, Sonder- und Leerzeichen haben und nicht aus mehr als zwölf Zeichen bestehen.

Damit das funktioniert, müssen neben der IP-Konfiguration des DSL-Routers auch die Netzwerkparameter auf jedem Rechner richtig installiert sein. Das bedeutet im Klartext, dass auf jedem Computer ein Netzwerkadapter (Netzwerkkarte, AirPort/WLAN-Karte etc.) vorhanden und installiert ist.

4.3.1 Zugriff auf das Raspberry-Pi-Dateisystem im Heimnetz

Wer in seinem Heimnetz neben dem Raspberry Pi auch einen Mac oder einen Windows-Rechner im Einsatz hat, wird irgendwann Daten von A nach B und zurück transportieren wollen. Damit der Zugriff auf das Raspberry-Pi-Dateisystem oder einzelne Verzeichnisse bequem von Computern aus dem Heimnetz möglich ist, muss das Samba-Paket installiert und konfiguriert sein. Samba ist bei fast jeder Linux-Distribution schon dabei, es braucht bei der Installation nur ausgewählt zu werden.

Mit Samba verhält sich der Raspberry Pi wie ein Windows-Server für die im Netz befindlichen Computer. Ist Samba optimal konfiguriert, können Sie später für jeden Benutzer und jede Benutzergruppe eigene Log-in-Profile erstellen. Diese legen Sie dann in einem Verzeichnis auf dem Raspberry Pi ab und exportieren es als /netlogon-Verzeichnis. Die Windows-Clients verwenden anschließend automatisch die entsprechenden Log-in-Skripte. Grundsätzlich können Sie den Inhalt der Abbildung übernehmen. Lediglich die globalen Einträge für netbios name, server string sowie workgroup sollten Sie anpassen.

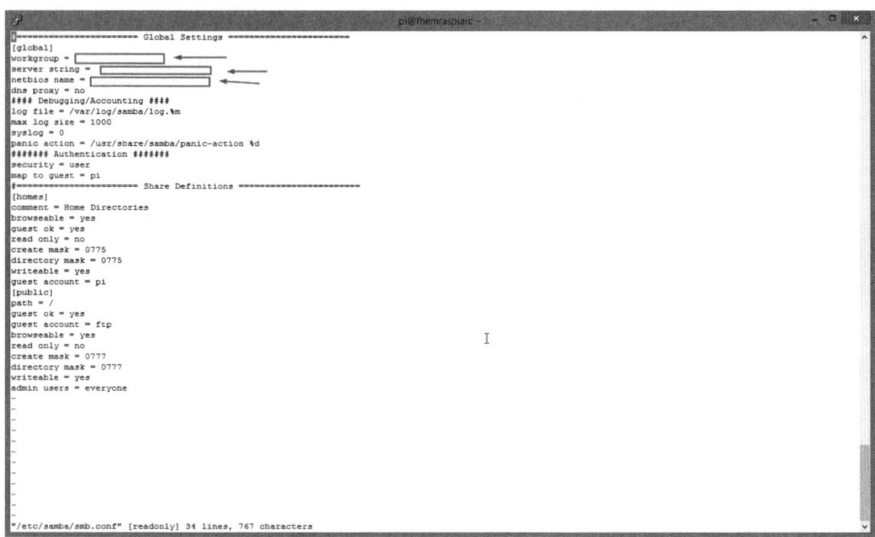

Die Samba-Konfigurationsdatei smb.conf erstellen Sie entweder auf dem Computer und laden sie mit scp auf den Raspberry Pi, oder Sie bearbeiten die Datei mit einem Editor wie nano auf der Kommandozeile oder per gedit in der GUI direkt auf dem Raspberry Pi Zero.

Erstellen Sie zunächst für die Samba-Konfiguration die `smb.conf`-Datei, über die die Samba-Konfiguration gesteuert wird. Sie gehört beim Raspberry Pi mit Debian in das Verzeichnis `/etc/samba` und besitzt mehrere Blöcke, in denen jeweils Variablen zur Konfiguration gesetzt werden. Jeder Block stellt prinzipiell eine Freigabe dar, wobei zwei Bereichen eine besondere Bedeutung zukommt. Der wichtigere ist der `[global]`-Abschnitt, in dem die allgemeinen Samba-Einstellungen festgelegt sind.

UMGEBUNGSVARIABLEN FÜR DIE SAMBA-KONFIGURATION	BESCHREIBUNG
S	Der aktuelle Service, falls vorhanden.
P	`root`-Verzeichnis des aktuellen Service.
u	Benutzername des aktuellen Service.
g	Gruppenname zu %u.
U	Benutzername der aktuellen Session.
G	Der primäre Gruppenname zu %U.
H	Heimatverzeichnis des Users von %u.
v	Version von Samba.
h	Hostname des Rechners.
m	NetBIOS-Name des Clients.
L	NetBIOS-Name des Servers.
M	Internetname des Clients.
p	Pfad (path) des Home-Verzeichnisses.
I	IP-Nummer des Clients.
T	Aktuelle Zeit und Datum.

Im `[homes]`-Abschnitt wird einem Benutzer, der von einem anderen Computer auf den Raspberry/Debian-Server zugreift, auf Wunsch das Home-Verzeichnis zur Verfügung gestellt. Voraussetzung dafür ist ein Eintrag in der `smbpasswd`-Datei. Per `smbpasswd -a NAME` legen Sie einen Samba-Benutzer in der Datei `/etc/smbpasswd` an:

```
sudo smbpasswd -a pi
```

Nun geben Sie das Kennwort des Benutzers `pi` ein und bestätigen es. Erscheint eine Fehlermeldung, hilft in der Regel das Nachziehen von fehlenden Paketen mit dem Kommando:

```
sudo apt-get install samba-common-bin
```

Anschließend kann der Benutzer unter Samba verwendet werden. Diesen zugegebenermaßen etwas unfreundlichen doppelten Administrationsaufwand für die Benutzerpasswörter können Sie mit einem kleinen Eingriff in die smb.conf abstellen:

```
unix password sync = yes
```

Die wichtigsten Einträge sind in der abgedruckten smb.conf jedoch bereits vorhanden.

```
root@raspi-airprint:/home# smbpasswd -a pi
New SMB password:
Retype new SMB password:
Added user pi.
root@raspi-airprint:/home#
```

Die smb.conf erstellen Sie zunächst auf dem Computer und laden sie dann mit scp auf den Raspberry Pi, oder Sie bearbeiten die Datei mit einem Editor wie nano direkt auf dem Raspberry Pi.

Mit dem Befehl ps fax | grep smbd überprüfen Sie, ob der Samba Server auch wirklich läuft. Falls nicht, ist wahrscheinlich ein Tipp- oder Syntaxfehler in der Datei smb.conf zu finden. Mit dem Samba-Testprogramm testparm können Sie einfach und sicher die Samba-Konfiguration auf mögliche Fehler überprüfen:

```
pi-airprint:~$ testparm
mb config files from /etc/samba/smb.conf
_max: rlimit_max (1024) below minimum Windows limit (16384)
sing section "[pi-home]"
  services file OK.
  role: ROLE_STANDALONE
enter to see a dump of your service definitions

pi-airprint:~$ ulimit -n 16384
```

Kein Fehler, nur ein Hinweis: Kommt die Meldung, dass Samba einen zu geringen rlimit_max-Wert (1024) festgestellt hat, kann sie ohne Folgen ignoriert werden.

Gibt das testparm-Programm Fehlermeldungen aus, zeigt es glücklicherweise auch die Nummer der Zeile an, in der der Fehler aller Wahrscheinlichkeit nach aufgetreten ist. Bessern Sie in diesem Fall die entsprechenden Zeilen in der smb.conf-Datei nach. Läuft die Konfiguration durch, haben Sie den ersten Teil geschafft – herzlichen Glückwunsch! Sicherheitshalber starten Sie den Samba-Daemon neu:

```
sudo service samba restart
```

Haben Sie schon einen Computer im Heimnetz im Betrieb, können Sie nach einem Neustart des Samba-Diensts den Raspberry Pi in der Netzwerkumgebung sehen. Nun überprüfen Sie die Samba-Benutzerkonfiguration auf dem Computer.

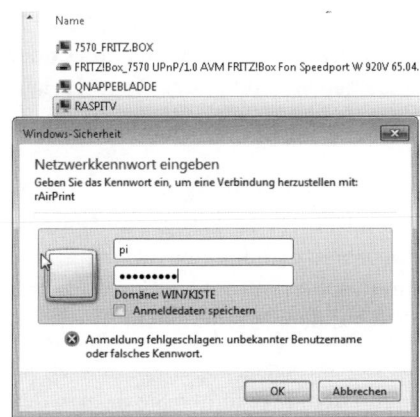

Ist der Parameter security=user gesetzt, wird beim Zugriff über das Netzwerk der Benutzer samt Kennung abgefragt, den Sie über smbpasswd -a angelegt haben.

Anschließend sind die entsprechenden Freigaben im Explorer sichtbar. Unter Windows kann auf Wunsch dem Netzlaufwerk mit dem Befehl *Netzlaufwerk verbinden* ein eigener Laufwerkbuchstabe zugeordnet werden.

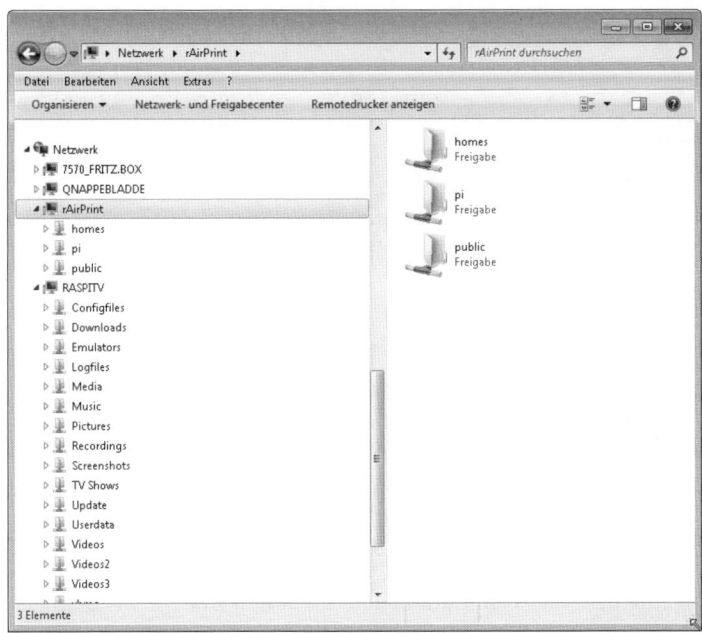

Einfache Explorer-Ordnerstruktur über Samba: Die einzelnen Ordner des Raspberry Pi liegen bequem zum Bearbeiten bereit.

Nun greifen Sie von sämtlichen Computern im Heimnetz aus auf den Raspberry Pi zu. Umgekehrt ist das natürlich auch möglich – egal ob Mac OS, Windows oder Linux –, hier müssen Sie jedoch bei jedem einzelnen Computer den Zugriff erlauben und konfigurieren.

4.3.2 Mac OS X mit Raspberry Pi via Samba koppeln

Möchten Sie den umständlichen Weg über einen FTP/HTTP-Server im Heimnetz nicht gehen, nutzen Sie besser, wie oben beschrieben, den direkten Weg über eine Windows-Freigabe. Aber auch der Zugriff vom Raspberry Pi auf eine konfigurierte Mac-Freigabe ist nach etwas Einrichtungsarbeit auf dem Mac möglich.

1 Stellen Sie im ersten Schritt sicher, dass der Arbeitsgruppenname aller im Netzwerk befindlichen Rechner gleich ist. Auf dem Mac öffnen Sie dazu in den Systemeinstellungen *Netzwerk* und hier das Register *WINS*. Im aktuellen Beispiel heißt die Arbeitsgruppe zunächst workgroup.

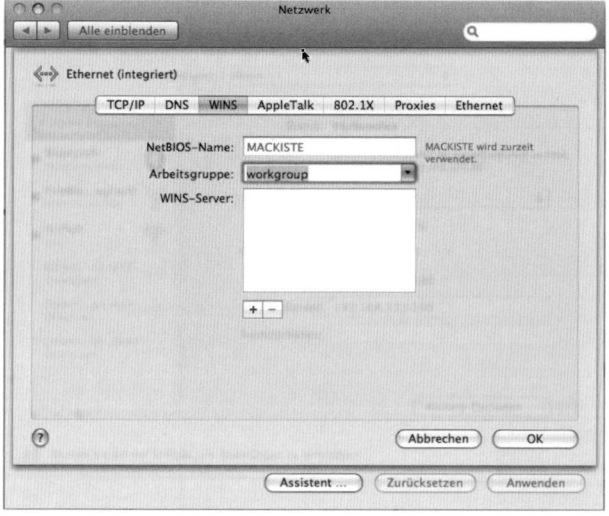

In das Eingabefeld *Arbeitsgruppe* tragen Sie den Namen Ihrer Arbeitsgruppe ein.

2. Eine weitere Grundvoraussetzung ist, dass über *Systemeinstellungen/Sharing* das Häkchen bei File *Sharing* gesetzt ist. Im Eingabefeld *Gerätename* steht der NetBIOS-Name des Mac-Computers, den Sie in den Systemeinstellungen unter *Netzwerk* im Register *WINS* festgelegt haben.

3. Um den Windows-Mac-Datenaustausch zu konfigurieren, stellen Sie zunächst sicher, dass der Benutzername unter Windows sowie unter Mac OS X identisch ist. Auf Wunsch lässt sich per Klick auf das Plussymbol mit wenigen Klicks auch ein neuer Benutzer-Account einrichten, der für den Zugriff auf den freizugebenden Ordner genutzt werden kann.

4. Es erscheint das Fenster *Neue Person*. Tragen Sie hier bei *Name* den Benutzernamen sowie bei *Kennwort* das dazugehörige Kennwort ein. Per Klick auf *Account erstellen* ist der Mac-Benutzer angelegt.

Setzen Sie das Häkchen vor der Bezeichnung des Benutzer-Accounts und geben Sie anschließend ein passendes Passwort für den Zugriff ein. Im Idealfall verwenden Sie hier dasselbe Passwort wie unter Windows – in diesem Fall ersparen Sie sich unter Windows die lästige Passwortabfrage beim Zugriff.

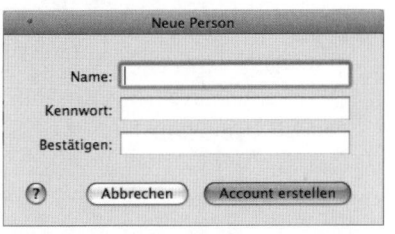

Damit die Anmeldung bzw. der Zugriff von einem Windows-PC aus auch klappt, muss in den Benutzereinstellungen des unter Mac OS X aktiven Benutzers ein entsprechendes Verzeichnis für den Zugriff festgelegt werden, hier das Verzeichnis `Public`.

5. Standardmäßig unterstützt Mac OS X für den Datenzugriff auf den Mac zunächst nur das hauseigene AFP-Protokoll (*Apple Filing Protocol*). Um auch der Windows-Welt den Zugriff auf die Mac-Festplatte zu gewähren, müssen Sie den Windows-Zugriff explizit erlauben und einrichten.

Anders als in den Vorgänger-Versionen ist seit Mac OS X 10.5 der Schalter *Windows File Sharing* nicht mehr dabei, die Windows-Freigabe via Samba ist bei *File Sharing* unter *Optionen* versteckt. Um von Windows aus auf Verzeichnisse auf dem Mac zugreifen zu können, ist das Setzen des Häkchens bei *Dateien und Ordner über SMB bereitstellen* notwendig. Abschließend wählen Sie den oder die Benutzer-Accounts aus, die den Samba-Zugriff verwenden dürfen.

6. Legen Sie ebenfalls unter *Sharing* die Zugriffsrechte fest: *Lesen & Schreiben*, *Nur Lesen*, *Nur Schreiben (Briefkasten)* oder *Kein Zugriff*.

7. Wechseln Sie dann zu Ihrem Windows-Computer und prüfen Sie über die Netzwerkumgebung, ob der Mac sichtbar ist. Falls nicht, starten Sie Windows neu oder drücken die Funktionstaste F5, um die Ansicht zu aktualisieren.

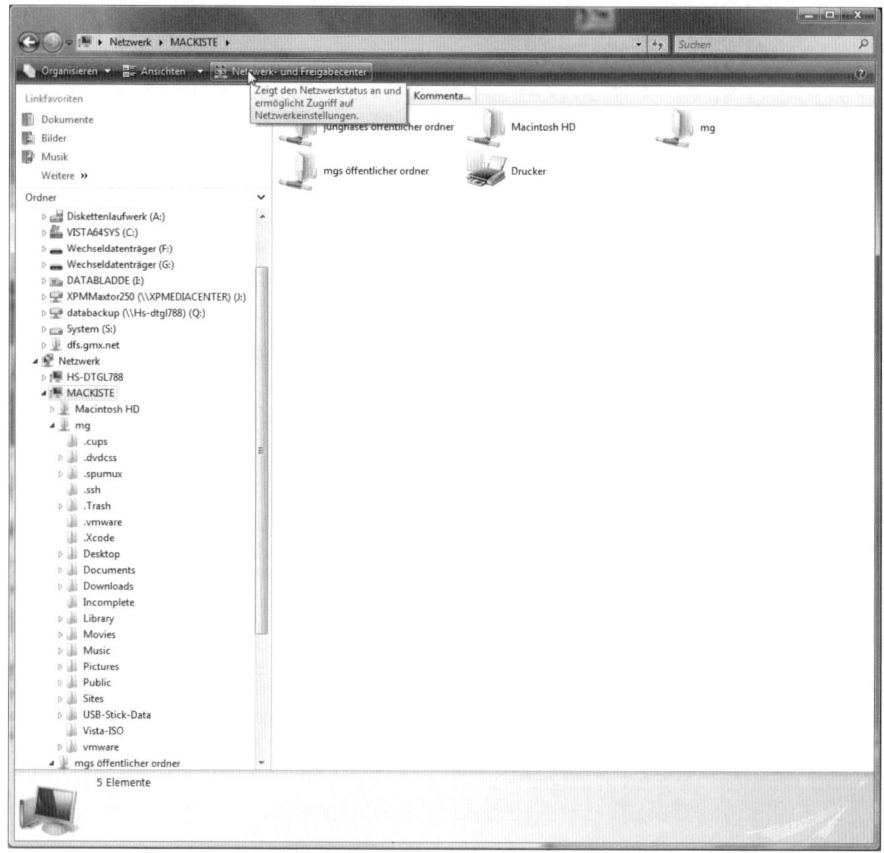

Geduld – erst nach wenigen Minuten zeigt Windows den Mac mit seinen Freigaben in der Netzwerkumgebung an.

Mit einem Doppelklick auf das Symbol des Mac können Sie nun auf das freigegebene Mac-Verzeichnis zugreifen.

NETBIOS-NAME ÄNDERN

Der NetBIOS-Name für den Mac-Rechner ist in der obigen Abbildung grau hinterlegt und lässt sich nicht ändern. Wer einen anderen Namen verwenden möchte, passt ihn unter *Systemeinstellungen/Sharing* an. Sind NetBIOS- und Arbeitsgruppennamen konfiguriert, ist die Samba-Konfiguration abgeschlossen.

Wenn der Mac den Zugriff verweigert

Doch bei vielen Anwendern tut sich nichts. Der Mac ist zwar in der Windows-Netzwerkumgebung zu sehen, aber bei dem Versuch, auf ihn zuzugreifen, meldet Windows einen Netzwerkfehler. Die Lösung findet sich in den Mac-OS-X-Firewall-Einstellungen. Aus Gründen der Sicherheit haben viele Anwender ihre Firewall-Einstellungen auf den Schalter *Nur notwendigen Dienste erlauben* festgelegt.

1. Damit Windows jedoch auf den Mac zugreifen kann, müssen Sie für den Erstzugriff die Option *Alle eingehenden Verbindungen erlauben* aktivieren. Der Dienst *File-Sharing (AFP, SMB)* wird automatisch angezeigt. Danach können Sie die Firewall-Einstellungen wieder ändern.

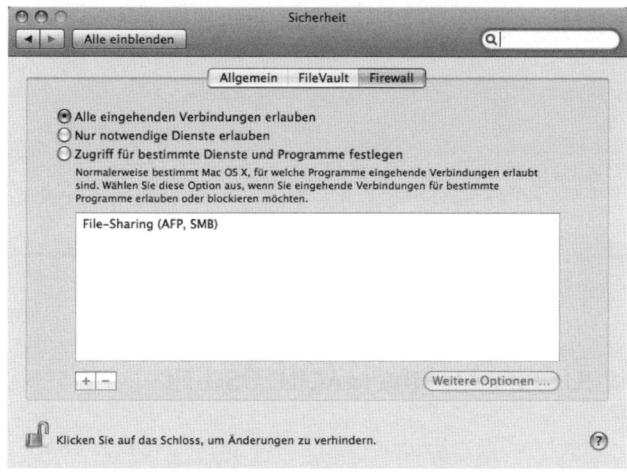

In der Systemeinstellung *Sicherheit* ändern Sie die Firewall-Einstellungen.

2. Wenn Sie in der Windows-Netzwerkumgebung jetzt wieder auf Ihr Mac-Symbol klicken, meldet sich das Dialogfeld *Verbindung mit <COMPUTER> herstellen*. Tragen Sie hier Ihren Benutzernamen und Ihr Kennwort ein. Klicken Sie zum Abschluss auf *OK*.

3. Das freigegebene Mac-Verzeichnis wird im Windows-Explorer angezeigt, und dem Datenfluss zwischen Mac und Windows – und somit auch zum Raspberry Pi – steht von Mac-OS-Seite aus nichts mehr im Weg.

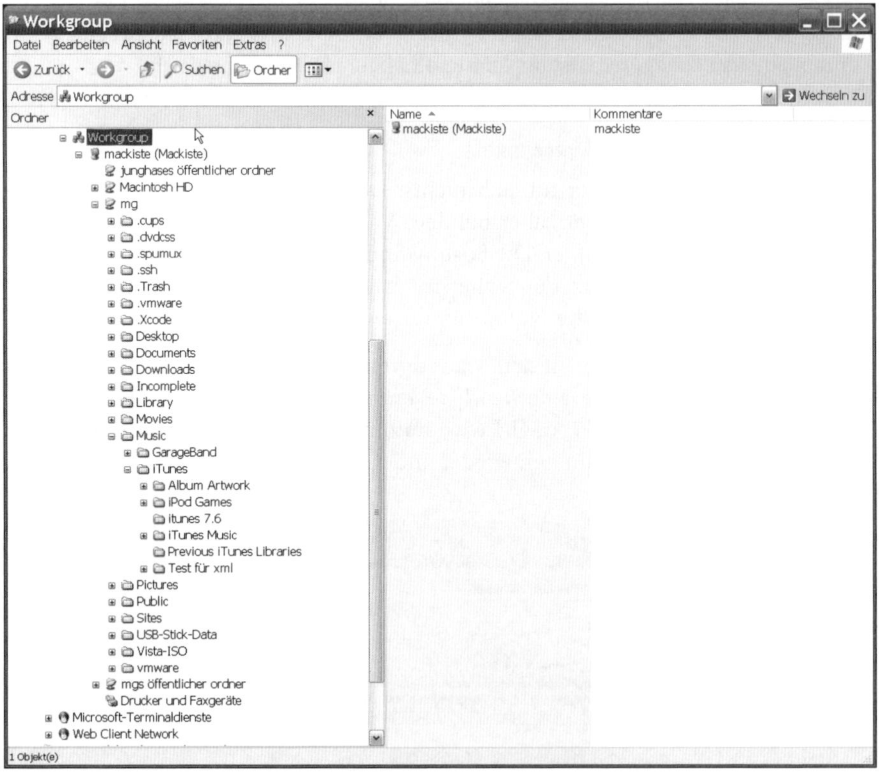

Der Inhalt der Macintosh-Festplatte auf dem Windows-PC.

VORSICHT BEIM ZUGRIFF AUF DIE MACINTOSH-HD

Abhängig davon, ob unter Mac OS X für den Zugriff Lese- und Schreibrechte zugeordnet worden sind oder nicht, heißt es hier aufpassen: Da Samba neben den Nutzdaten auch die (unter Mac OS X) versteckten Systemordner und -dateien anzeigt, sollten Sie behutsam bei der Bearbeitung von Dateien oder gar beim Löschen vorgehen. Zu groß ist die Gefahr, das Benutzerprofil unter Mac OS X zu zerstören.

4.3.3   Windows-Ordner für den Raspberry Pi im Heimnetz freigeben

Die Freigabe eines Ordners unter Windows ist mit wenigen Klicks erledigt: Öffnen Sie den Explorer und wählen Sie den Ordner aus, der für andere Benutzer im Netzwerk freigegeben werden soll. Klicken Sie mit der rechten Maustaste auf diesen Ordner und wählen Sie im Kontextmenü der rechten Maustaste *Freigeben für* aus. Anschließend erscheint ein Dialog, in dem Sie den Zugriff auf den Ordner einrichten.

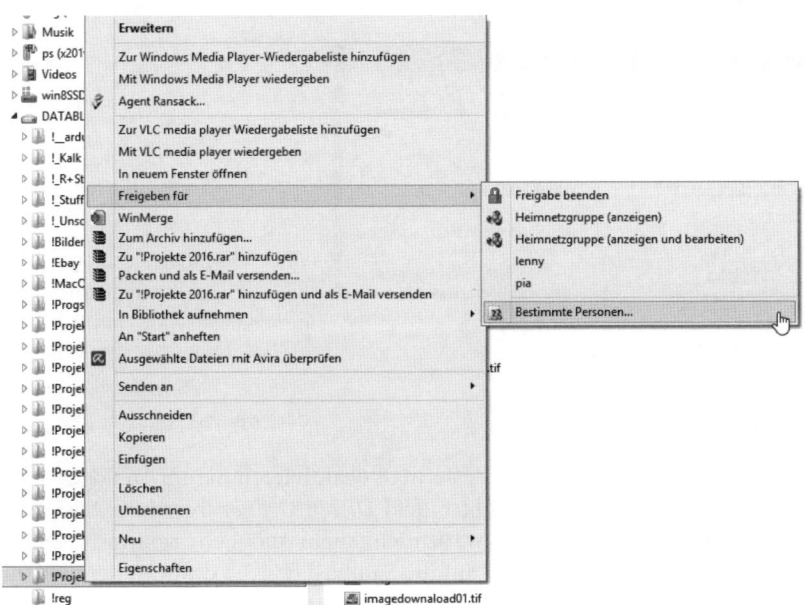

Bei Windows bekommen Sie mit der rechten Maustaste ein Kontextmenü mit dem Eintrag *Freigeben für* angezeigt, über den Sie Laufwerke für andere Benutzer zur Verfügung stellen können. Möchten Sie einer weiteren Person Zugriff auf eine Freigabe gewähren, klicken Sie auf *Bestimmte Personen*, tragen den Namen ein und klicken auf die Schaltfläche *Hinzufügen*.

Anschließend ist die eingerichtete Ordnerfreigabe aktiv. Der für den Zugriff eingerichtete Benutzer kann nun von einem anderen PC im Netzwerk aus auf die eingerichtete Freigabe zugreifen – vorausgesetzt, der Name und das Passwort sind in der Benutzerverwaltung von Windows eingerichtet.

Das Entfernen einer eingerichteten Freigabe sowie eine nachträgliche Änderung funktionieren analog. Wählen Sie den entsprechenden Ordner im Explorer aus und anschließend im Kontextmenü entweder *Freigabe* oder besser *Eigenschaften*. Im Register *Freigabe* erhalten Sie per Klick auf *Erweiterte Freigabe* einen Einblick darin, wer auf den Ordner zugreifen darf und welche Rechte bzw. Berechtigungen für die unterschiedlichen Benutzer eingerichtet sind.

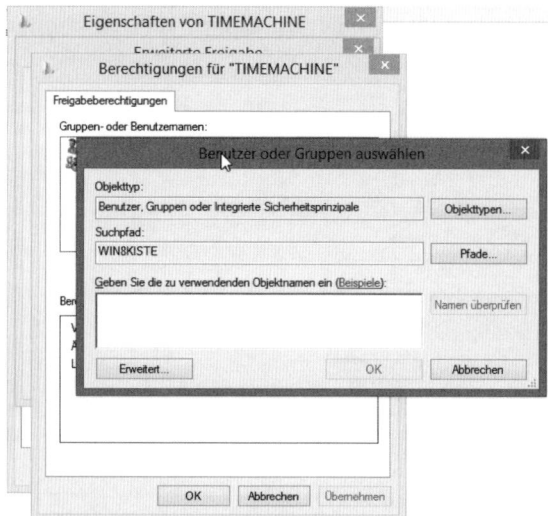

Über *Berechtigungen* können Sie den Zugriff auf einen Ordner beispielsweise auf *Lesend* ändern, wenn der Ordnerinhalt über das Netzwerk nicht geändert werden soll.

Möchten Sie eine erstellte Freigabe entfernen, deaktivieren Sie im Dialog *Erweiterte Freigabe* das Häkchen beim Kontrollfeld *Diesen Ordner freigeben*. Anschließend ist der Zugriff über das Netzwerk nicht mehr möglich. Kommt es beim Zugriff über den Windows-Explorer auf die Samba-Freigabe des Raspberry Pi zu Problemen oder wird der Verzeichnisinhalt nicht angezeigt, hilft nachstehender Abschnitt.

4.3.4 Windows zickt beim Samba-Zugriff: Freigabeprobleme lösen

Befinden sich im Heimnetz ein Raspberry Pi mit Samba, ein NAS-Server (beispielsweise Geräte von QNAP oder Buffalo), ein ausgewachsener Linux-Samba-Server oder eine Samba-Freigabe über den Mac, ist der Zugriff auf die Netzwerkfreigaben normalerweise problemlos möglich, sofern sie in der Vista-Netzwerkumgebung zu sehen sind und die entsprechenden Zugriffsrechte vorliegen. Dies zählt jedoch nur für die erstmalige Anmeldung. Wer sich hingegen nach einem Neustart des Computers erneut mit einer Netzwerkfreigabe verbinden möchte, sieht immer wieder die Aufforderung, den Benutzernamen sowie das dazugehörige Passwort einzugeben.

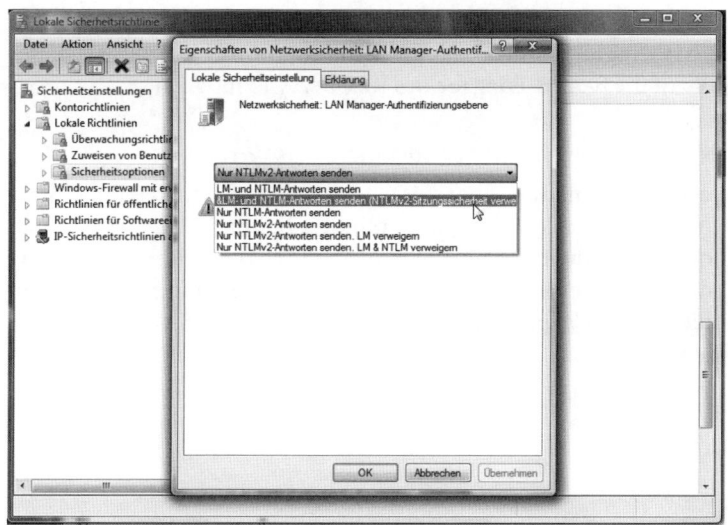

Über die lokale Sicherheitsrichtlinie des Windows-PCs stellen Sie den Zugriff auf die Netzwerkfreigaben um.

Dieses nervige Problem lässt sich mit einer kleinen Konfigurationsänderung beheben: Klicken Sie auf die Schaltfläche *Start* und geben Sie in das *Ausführen*-Feld den Befehl secpol.msc ein. Wechseln Sie dann zu *Lokale Richtlinien und Sicherheitsoptionen*, wo Sie die beiden folgenden Einträge anpassen. Zunächst wird der Wert für den Eintrag

```
Netzwerksicherheit: LAN Manager-Authentifizierungsebene
```

auf

```
LM- und NTLM-Antworten senden (NTLMv2 Sitzungssicherheit verwenden, wenn
ausgehandelt).
```

geändert. Anschließend suchen Sie den Eintrag

```
Netzwerksicherheit: Minimale Sitzungssicherheit für NTLM-SSP-basierte
Clients (einschließlich sicherer RPC-Clients)
```

und deaktivieren das Häkchen bei

```
128-Bit-Verschlüsselung erfordern
```

im rechten Fensterbereich. Bestätigen Sie den Dialog dann mit *OK* und schließen Sie die lokale Sicherheitsrichtlinie. Nach einem Neustart von Windows sollte der Windows-Zugriff auf die Samba-Freigabe des Raspberry Pi möglich sein.

Unterschiedliche Windows-Versionen: manchmal Registry-Hack nötig

Da bei den einfachen „Heimanwenderversionen" von Windows wie Home Basic und Home Premium weder der Gruppenrichtlinien-Editor (gpedit.msc) noch der Editor für Lokale Sicherheitseinstellungen (secpol.msc) im Funktionsumfang enthalten sind, muss der Umweg über den Registry-Editor gegangen werden, um die Freigabeprobleme beim Zugriff auf NAS-Server oder Linux-Samba-Server im Heimnetz zu lösen. Im Ast

```
[HKEY_LOCAL_MACHINE\System\CurrentControlSet\Control\Lsa]
```

ändern Sie beim Schlüssel

```
LmCompatibilityLevel
```

den *DWORD*-Wert von 3 auf 1.

Netzwerkfreigaben automatisch im Finder öffnen

Wer im Heimnetzwerk seine Raspberry-Pi-Freigaben über einen Linux-/Windows-/Samba-Server dauerhaft zur Verfügung haben möchte, für den ist das manuelle Einbinden der Freigabe über die Tastenkombination `Befehlstaste`+`K` mit der Zeit ziemlich lästig.

Mit der Tastenkombination `Befehlstaste`+`K` erscheint der Dialog *Mit Server verbinden*. Hier tragen Sie den Netzwerknamen oder die IP-Adresse der Raspberry-Pi-Freigabe im Heimnetz ein.

Komfortabler ist es, wenn Sie eine einmal eingerichtete Freigabe automatisch verbinden und im Finder anzeigen lassen. Fügen Sie über *Apfel/Systemeinstellungen/Benutzer/Startobjekte* die gewünschte(n) Freigabe(n) als sogenanntes Startobjekt hinzu. Wählen Sie zunächst den entsprechenden Benutzer aus, gehen Sie dann ins Register *Startobjekte* und klicken Sie dort auf das Plussymbol.

Im linken Fensterbereich des Finders werden bereits die im Netzwerk vorhandenen Server angezeigt. Wählen Sie einen Server/PC aus Ihrem Heimnetz aus. Nun sind im Hauptfenster die verfügbaren Freigaben zu sehen. Per Klick auf die *Hinzufügen*-Schaltfläche wird die gewünschte Freigabe als Startobjekt eingebunden.

Ist für den Zugriff auf die Netzwerkfreigabe ein Passwort bzw. eine andere Benutzerkennung samt Passwort notwendig, empfiehlt es sich, die Zugangsinformationen im persönlichen Schlüsselbund zu speichern. In diesem Fall wird der Zugriff umgehend hergestellt, und die lästige Kennwortabfrage entfällt. Nach dem nächsten Anmeldevorgang werden diese Freigaben automatisch geöffnet und in einem Finder-Fenster angezeigt.

5 RASPBERRY PI ALS SPIELKONSOLE

Egal ob Jung oder Alt – die Spielkonsole im Kinderzimmer oder Wohnzimmer existiert schon seit Ende der 70er-Jahre. Los ging es so richtig mit dem Atari 2600, der am Röhrenfernseher angeschlossen wurde und Klassiker wie Ping Pong, Pac Man, Space Invaders etc. auf den Schirm brachte. Sehr verbreitet waren anschließend der C64 und sein Nachfolger C128 bis hin zu den Atarai-Nachfolgern und den Nintendo-Modellen. Hier sämtliche beliebten Konsolen samt den beliebtesten Spielen ihrer Zeit aufzuzählen, würde den Rahmen sprengen – doch in dem kleinen, handlichen Raspberry Pi haben Sie auf Wunsch nahezu alle wichtigen Klassiker auf der Speicherkarte.

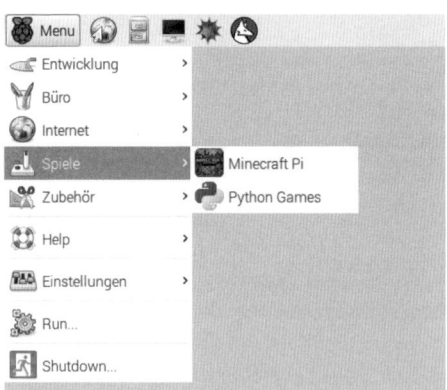

Wie es sich für einen Schüler-PC gehört, bringt das aktuelle Raspbian Jessie für den Raspberry Pi bereits ein vorinstalliertes Spiel mit – in diesem Fall Minecraft Pi.

Um die Klassiker der ersten Stunde im heimischen Wohnzimmer zu reaktivieren, benötigt der Raspberry Pi für jede einzelne Konsole einen passenden Emulator, die auf ihren verschiedenen Projektseiten von findigen Entwicklern programmiert und gepflegt werden. Diese Emulatoren simulieren die Hardware, für die das Spiel ursprünglich entwickelt wurde – und mittlerweile ist mit Retropie für den Raspberry Pi ein ganzes Paket in Form eines Komplett-Images verfügbar, das sämtliche wichtigen Emulatoren vorkonfiguriert und installiert in das heimische Wohnzimmer bringt.

5.1 Retrospielhölle auf dem Raspberry Pi

Es muss nicht immer der aktuellste und schnellste Raspberry Pi sein: Selbst der kleine Raspberry Pi Zero ist trotz seiner geringen Abmessungen deutlich leistungsfähiger, als es die Spielkonsolen der 80er-/90er-Jahre waren. Dank verschiedener Emulatoren ist es möglich, diese alten Klassiker zu reaktivieren und über den Raspberry Pi Zero im Wohnzimmer auf den Flatscreen zu bringen.

Perfekt macht das Spielvergnügen ein nicht ganz günstiger Arcade-Fighting-Stick für Xbox360/PS3/PC-Box, mit dem Sie das Flair der Retrogames mit einem Stick und vernünftigen Konsolenbuttons genießen. Empfehlenswerte Lösungen kosten mit 60 Euro mehr als ein Vielfaches eines Raspberry Pi Zero.

Wer bereits eine moderne oder neue Spielkonsole wie Sony Playstation oder Microsoft Xbox sein Eigen nennt, kann die Spielcontroller auch über die USB-Schnittstelle des Raspberry Pi verbinden. Hier sind die Voraussetzungen leicht unterschiedlich: Während sich beispielsweise der Playstation-3-Controller mit einem günstigen 4-Euro-Bluetooth-USB-Dongle verbinden lässt, ist für die schnurlosen Xbox360 die Anschaffung eines passenden PC-Adapters (Xbox360-Wireless-Adapter für Windows) in Höhe von 20 Euro vonnöten.

5.1.1 MS-DOS-Spiele auf dem Raspberry Pi

Wem die „große" Retropie-Lösung zu umfangreich ist, der kann sich natürlich auch auf einzelne Emulatoren wie den ScummVM-Emulator beschränken. Um alte PC-Klassiker wie Monkey Island, Indiana Jones und andere auf dem Raspberry Pi Zero wieder zum Leben zu erwecken, ist natürlich der passende Emulator notwendig. Erst durch ihn lassen sich die alten MS-DOS-Spiele verwenden, die der Emulator in einem entsprechenden Spielfenster auf dem Bildschirm darstellt. Der ScummVM-Emulator (Script Creation Utility for Maniac Mansion Virtual Machine) ist für verschiedene Zielsysteme wie iOS und Android, aber auch für Debian und somit den Raspberry Pi kostenfrei verfügbar – und seit Anfang 2016 gibt es eine angepasste Version eigens für den Raspberry Pi.

ScummVM-Emulator installieren

Ist Ihnen der Einsatz des Raspberry Pi als reine Arcade-Retrospielbox zu über-dimensioniert, möchten Sie aber dennoch ein paar alte MS-DOS-Games spielen, holen Sie sich den dazu passenden ScummVM-Emulator einzeln auf die Micro-SD-Speicherkarte des Raspberry Pi. Mit dem apt-get-Kommando installieren Sie zunächst die nötigen Binärdateien:

```
sudo apt-get install scummvm
```

Nach der Installation befindet sich in der Menüleiste im Spielebereich eine Ver-knüpfung – wer mag, kann sich diese auch auf den Desktop ziehen.

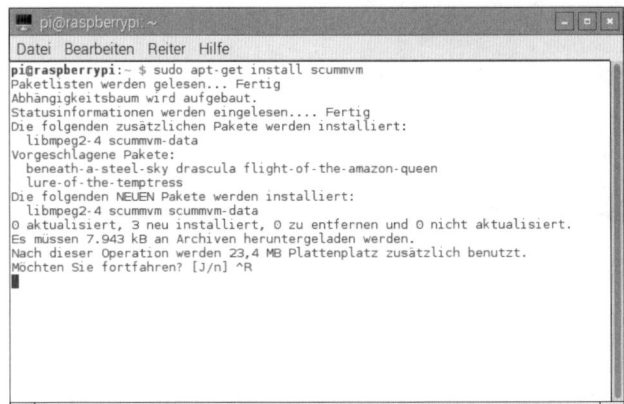

Ein klein wenig Platz benötigt der ScummVM-Emulator auf der Speicherkarte.

Doch bevor Sie den Emulator auf dem Raspberry Pi in Betrieb nehmen, braucht dieser zunächst Futter – also Spiele und Programme, die in der Emulation auf dem Raspberry Pi auch funktionieren.

Über die Menüleiste starten Sie den ScummVM-Emula-tor – jedoch erst später, wenn die nötigen Programme bzw. Spiele auf den Raspberry Pi übertragen worden sind.

Um die Spiele auf den Raspberry Pi zu kopieren, benötigt dieser natürlich eine Netzwerkverbindung – legen Sie über den Dateimanager oder alternativ über die Kommandozeile für die Spiele am besten jeweils ein eigenes Verzeichnis an.

ScummVM im Einsatz

Achtung: Wer die alten DOS-Spiele noch in einem Schuhkarton im Keller hat, holt sich die entsprechenden Dateien aus dem Internet. Die meisten Spiele unterliegen in der Regel dem Urheberrecht – achten Sie darauf. Verfügbare Spiele übertragen Sie am besten mit WinSCP und kopieren die Game-Datei(en) des Spiels in ein eigenes Verzeichnis im Ordner /home/pi/scummvm.

```
001   mkdir -p /home/pi/scummvm
002   cd /home/pi/scummvm
003   mkdir -p Monkey_Island_I
```

In diesem Beispiel heißt das frisch angelegte Verzeichnis Monkey_Island_I.

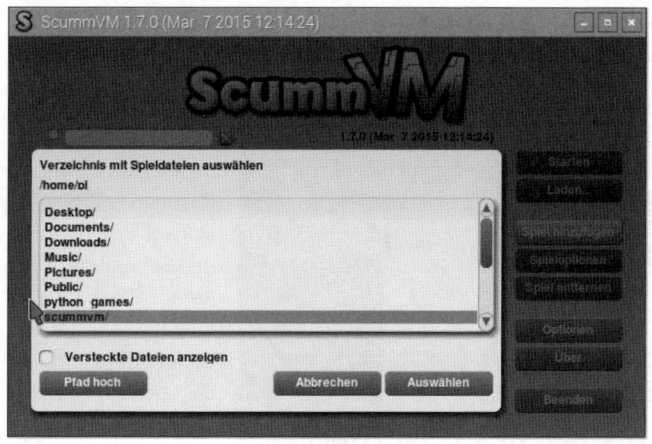

Im Home-Verzeichnis des Benutzers pi navigieren Sie zum angelegten scummvm-Verzeichnis.

Dort landen alle in diesem Beispiel benötigten Dateien für das Spiel Monkey Island. Andere Oldie-Spiele haben natürlich andere Spieledateien, und welche Dateien und Ordner vom Originalspiel für den Betrieb im Emulator nötig sind, erfahren Sie über die Wiki-Seite des ScummVM-Projekts (*http://wiki.scummvm. org/index.php/Datafiles*). Starten Sie auf dem Raspberry Pi nun ScummVM, denn die Spieleliste ist noch leer und jetzt per Mausklick zu befüllen.

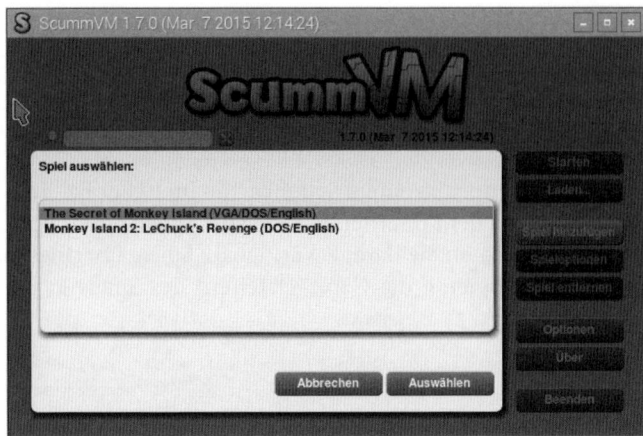

Übersichtlich: Über die Schaltfläche *Spiel hinzufügen* fügen Sie Schritt für Schritt die alten DOS-Spiele, die im Emulator zum Einsatz kommen sollen, hinzu.

Um dem Emulator ein Spiel hinzuzufügen, gehen Sie wie folgt vor: Wählen Sie *Spiel hinzufügen/ZU SPIELEORDNER NAVIGIEREN/Auswählen* bzw. *Spiel hinzufügen/SPIELEORDNER/Auswählen*. Anschließend wird das auf der Speicherkarte abgelegte Spiel erkannt und von ScummVM initialisiert.

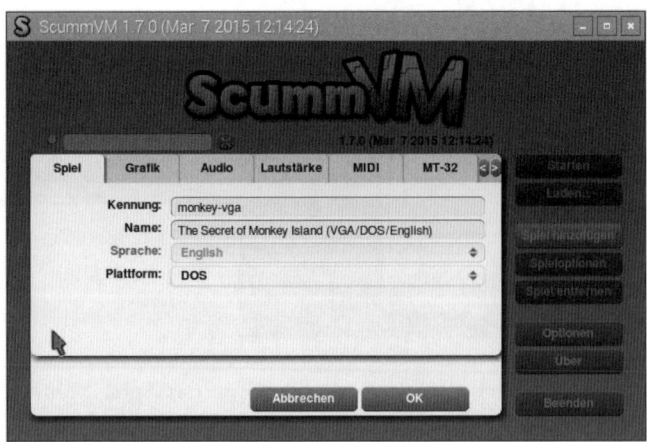

Bei den Grafikeinstellungen waren folgende Optionen sinnvoll und haben den Spaßfaktor erhöht: Der *Grafikmodus* wurde auf *2x* und der *Rendermodus* auf *VGA* gestellt. Außerdem wurde jeweils ein Häkchen bei *Seitenverhältnis korrigieren* und *Vollbildmodus* gesetzt.

Die beschriebenen Einrichtungsschritte wiederholen Sie so lange, bis alle Spiele eingerichtet sind. Nach der Konfiguration der Grafikeinstellungen werden schließlich sämtliche geladenen Spiele in der Übersicht von ScummVM aufgelistet. Markieren Sie mit der Maus das gewünschte Spiel und wählen Sie schließlich die *Starten*-Schaltfläche.

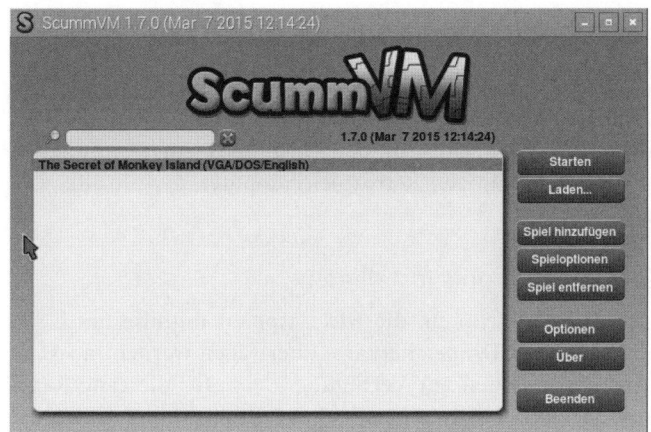

Nach dem Klick auf *Starten* dauert es einen Moment, bis der Emulator das DOS-Spiel auf dem Raspberry Pi geladen hat.

Maximieren Sie die Fensterdarstellung auf Vollbild, sollten Sie die [F5]-Taste nicht vergessen, um später den ScummVM-Emulator auch beenden zu können. Ebenso sollten Sie sich vorher mit der Steuerung des Spiels befassen, damit Sie umgehend mit dem Spielvergnügen starten können.

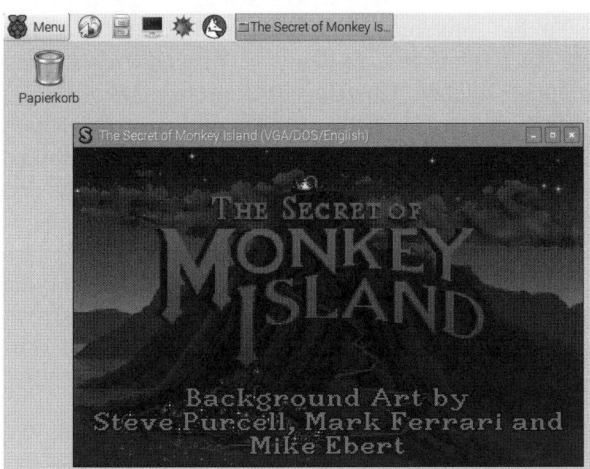

Alter Klassiker auf dem ScummVM-Emulator: In den 90er-Jahren durfte das Spiel The Secret of Monkey Island auf keinem PC fehlen – jetzt läuft das Kultspiel auf einem Raspberry Pi.

Neben dem ScummVM-Emulator für DOS-Spiele gibt es noch zig andere Emulatoren und Tools, um weitere alte Klassiker auf dem Raspberry Pi wieder zu reaktivieren. Die in diesem Bereich bekannteste und verbreitetste Lösung ist das Retropie-Projekt, das im nächsten Abschnitt ausführlich vorgestellt wird.

5.2 Retropie – das Emulator-Image für den Raspberry Pi

Aus dem verstaubten Keller auf den Bildschirm: Mit dem kleinen Raspberry Pi zaubern Sie mit den passenden Emulatoren für Amiga, Atari, C64, Nintendo NES, Sega etc. die alten Konsolenspiele zu Hause auf den TV-Bildschirm. Damit haben Sie für wenig Geld einen leistungsfähigen Retrospielecomputer, der die alte, verstaubte Hardware vergessen macht.

5.2.1 Image auf SD-Karte: Retropie installieren

Retropie wird als Image-Datei angeboten, die wie Raspbian mithilfe des USB-Image-Programms auf die Micro-SD-Speicherkarte übertragen werden muss. Es stehen zum Download zwei Versionen zur Verfügung – eine für die erste Raspberry-Pi-Generation mit bis zu 512 MByte Arbeitsspeicher, die andere ist für die Generation der Raspberry Pis 2 und 3 mit 1.024 MByte RAM gebaut. Auch wenn der Unterschied zwischen beiden Versionen zunächst aus der Speicherzuordnung in der Systemdatei `config.txt` besteht, ist es empfehlenswert, die passende Version zu dem eingesetzten Raspberry Pi herunterzuladen und zu betreiben.

Nach dem Download entpacken Sie diese Datei auf dem Computer – verwenden Sie dazu einen Packer/Entpacker, der mit dem `gz`-Archivformat zurechtkommt. Alternativ können Sie die Datei auch direkt auf einen Linux-Computer entpacken, doch die Variante des Entpackens mit dem kostenfreien Packer 7-Zip (*www.7-zip.de*) auf dem Computer und des Übertragens der Image-Datei auf die Micro-SD-Karte, wie im Abschnitt 2.2 „Für Fortgeschrittene: Image auswählen und auf Micro-SD-Karte installieren" beschrieben, ist die schnellere Methode. Ist die entpackte IMG-Datei auf die Micro-SD-Karte übertragen, können Sie den Raspberry Pi Zero damit bestücken und am besten mit angeschlossener Maus, Tastatur und gegebenenfalls Gamepad, Spielecontroller sowie HDMI-Kabel am TV anschließen. Sinnvoll ist zusätzlich ein WLAN- oder LAN-Zugriff, damit Sie über das Heimnetz die Spiele auch in die jeweiligen Unterverzeichnisse übertragen können. Retropie bringt selbst nur die Oberfläche und die zugrunde liegenden Emulatoren mit, um die Spiele auf den Raspberry Pi zur Verfügung zu stellen.

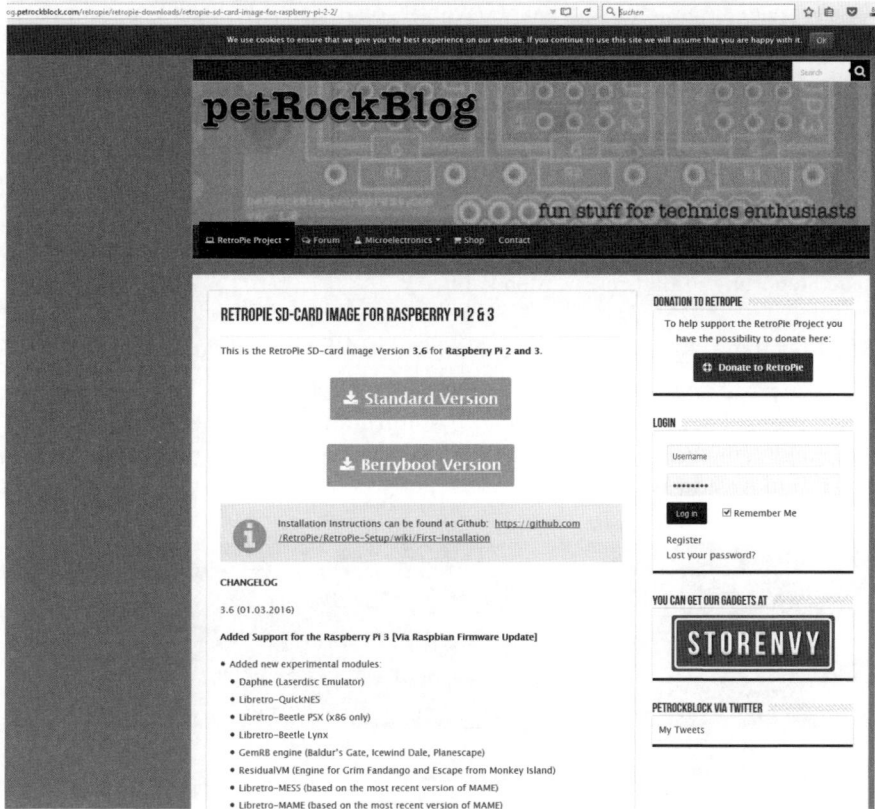

Auf der Webseite *http://blog.petrockblock.com/retropie/retropie-downloads/* steht die Image-Datei in zwei Versionen zur Verfügung: sowohl für die neue Generation der Raspberry Pi 2-/3-Klasse als auch für die Vorgängermodelle Raspberry Pi 1 und die kleinen Platinen mit 512 MByte wie den Raspberry Pi Zero. In diesem Projekt für den Raspberry Pi 3 wird Version 3.6 (Datei: `retropie-v3.6-rpi2_rpi3.img.gz`) verwendet.

5.2.2   Zwingend nötig: Spiele in Retropie installieren

Eine ganze Reihe von verfügbaren Emulatoren sind auf dem Image untergebracht, die Anzeige des Startlogos in der Emulation Station erfolgt jedoch nur, wenn in den jeweiligen Verzeichnissen auch passende Images, ROMs und jeweils benötigte Dateien liegen. Grundsätzlich liefert Retropie die beigepackten Emulatoren ohne installierte Spiele. Welcher Emulator in der Übersicht nach dem Start des

Raspberry Pi dargestellt wird, hängt davon ab, ob in den jeweiligen Verzeichnissen von Retropie entsprechende Spieldaten, ROMs und Dateien liegen.

Deshalb sind für die gewünschte Spieleplattform noch die passenden ROM-Dateien bzw. die Programmdateien der Originalspiele zur Inbetriebnahme nötig. Standardmäßig stellt das Retropie-Image umgehend nach dem Start des Zero eine Samba-Freigabe im Heimnetz zur Verfügung. Kopieren Sie die Spieledatei(en) in einem eigenen Verzeichnis in den jeweiligen Systemordner. Starten Sie anschließend den Raspberry Pi neu, damit der Inhalt des Verzeichnisses indiziert und die neue Steuerung initialisiert werden kann.

5.2.3 Amiga, Atari, C64, SNES, Nintendo64 & Co. auf dem Raspberry Pi

All in one: Mit dem kleinen Mini-Computer holen Sie sich das Retroflair vergangener Tage auf den Flachbildschirm im Wohnzimmer zurück – dank der Vielzahl von Emulatoren von Retropie auch längst vergessene Klassiker aus der Nintendo-, Atari- und Arcade-Welt.

Retropie bringt mit einer eigenen Oberfläche zig Emulatoren auf den Raspberry Pi.

Ist Retropie gestartet und die Oberfläche geladen, bewegen Sie sich zwischen den verschiedenen Symbolen der emulierten Computer mithilfe der Pfeiltasten hin und her. Die Computer werden nur dann angezeigt, wenn sich innerhalb der jeweiligen Unterverzeichnisse auch Spiele, ROMs oder Daten befinden. Nachstehende Emulatoren sind prinzipiell verfügbar – spielbar und benutzbar werden sie über Retropie jedoch erst, wenn die passenden ROMs und/oder Programmdateien in den jeweiligen Verzeichnissen vorhanden sind.

VERZEICHNIS	COMPUTER/KONSOLE	BEMERKUNG
amiga	Amiga	
amstradcpc	Amstrad CPC	Schneider CPC in Deutschland
apple2	Apple II	Apple
atari2600	Atari 2600	Atari
atari5200	Atari 5200	Atari
atari7800	Atari 7800	Atari
atari800	Atari 800	Atari
atarilynx	Atari Lynx	Handheld-Computer von Atari
atarist	Atari ST Serie	
c64	Commodore 64	
coco	Tandy TRS-80 Color Computer	
dragon32	Dragon Data Computer	
fba	Final Burn Alpha Computer	
fds	Famicom Disk System	in den USA Nintendo Entertainment System
gamegear	Sega Game Gear	portables Sega-Master-System
gb	Gameboy	gnuboy
gba	Gameboy Advanced	VisualBoyAdvance
gbc	Gamecube	
genesis	Sega genesis-megadrive	
intellivision	Mattel-Spielkonsole	
macintosh	Apple-Computer	Apple-Betriebssystem
mame-advmame	Mame-Arcade-Emulation	
mame-libretro	Mame-Arcade-Emulation	
mame-mame4all	Mame-Arcade-Emulation	
mastersystem	Sega Master	
megadrive	Sega Megadrive	
msx	Sony MSX	
n64	Nintendo 64	
neogeo	SNK Neogeo System	
nes	Nintendo	
ngp	Neo Geo Pocket	tragbare Spielkonsole von SNK
pc	IBM DOS	

VERZEICHNIS	COMPUTER/KONSOLE	BEMERKUNG
pcengine	PC Engine	Hersteller NEC (TurboGrafx 16 in den USA)
psx	Sony Playstation 1	
scummvm	ScummVM	
sega32x	Sega	
segacd	Sega	
sg-1000	Sega 1000	
snes	Super Nintendo Entertainment System	Super Nintendo, Super NES oder SNES
vectrex	MB Vectrex	MB Computer schwarz-weiß
videopac	Philips Videopac G7000	
wonderswan	Wonderswan Handheld	Bandai-Konsole aus Japan
zxspectrum	Sinclair ZX Spectrum	

Jeder der zahlreich vorhandenen Emulatoren von Retropie emuliert „sein" System, daher sind die Tastaturbefehle und Funktionen möglicherweise immer etwas anders belegt. Nach dem Start des jeweiligen Emulators ist die Benutzeroberfläche des emulierten Computers zu sehen, die installierte Emulation Station von Retropie sorgt mit dafür, dass das entsprechende Spiel mit dem Emulator gemeinsam geladen wird, damit Sie gleich loslegen können. Auch der angeschlossene Joystick, das Gamepad und der Arcade-Stick etc. lassen sich nachträglich über das Menü der Emulation Station einrichten.

In den vielen Emulatoren öffnet die Taste `Esc`, `F1`, `F10` oder `F12` ein Menü. Darüber lassen sich verfeinerte Einstellungen beispielsweise zur Soundausgabe, zur Steuerung, zur Grafikausgabe und zu vielem mehr vornehmen – bei mehreren Spielen können zusätzlich alternative ROM-Dateien mit Spielen geladen werden.

5.2.1 Man spricht deutsch: Retropie konfigurieren

Um letzte Anpassungen und Optimierungen der Retropie-Konfiguration vorzunehmen, können Sie sich über das Netzwerk via SSH mit dem Raspberry Pi verbinden, das standardmäßig im Image eingeschaltet ist. Der Standardbenutzer ist, wie bei Raspbian üblich, pi – das Passwort für den Zugriff ist raspberry. Sie benötigen nur noch die IP-Adresse, um Verbindung aufzunehmen.

```
login as: pi
pi@192.168.123.23's password:
Linux retropie 4.1.7+ #817 PREEMPT Sat Sep 19 15:25:36 BST 2015 armv6l

The programs included with the Debian GNU/Linux system are free software;
the exact distribution terms for each program are described in the
individual files in /usr/share/doc/*/copyright.

Debian GNU/Linux comes with ABSOLUTELY NO WARRANTY, to the extent
permitted by applicable law.
Last login: Sun Jul 20 17:08:10 2014
/usr/bin/xauth: file /home/pi/.Xauthority does not exist

    .~~.   .~~.    Friday, 11 December 2015, 11:01:36 am UTC
   '. \ ' ' / .'   Linux 4.1.7+ armv6l GNU/Linux
    .~ .~~~..~.
   : .~.'~'.~. :    Filesystem       Size  Used Avail Use% Mounted on
  ~ (   ) (   ) ~   /dev/root        2.1G  1.9G   60M  98% /
 ( : '~'.~.'~' : )  Uptime............: 0 days, 00h14m19s
  ~ .~          ~. ~  Memory............: 128840kB (Free) / 250364kB (Total)
   (  |  |  )     Running Processes.: 78
   '~         ~'   IP Address........: 192.168.123.23
     *-------*     Temperature.......: CPU: 38°C/100°F GPU: 37°C/98°F
                   The RetroPie Project, http://www.petrockblock.com

pi@retropie ~ $ █
```

Bei gestarteter Emulation Station gelangen Sie mit der [F4]-Taste auf die Kommandozeile von Retropie.

Auf der Kommandozeile können Sie anschließend mit den gewohnten Raspberry-
Pi-Werkzeugen die gewünschten Anpassungen vornehmen.

`sudo raspi-config`

So stellen Sie beispielsweise über Internationalisation Options das System per
Change Keyboard Layout auf die deutsche Umgebung um, außerdem können Sie im
Bereich locales den Zeichensatz auf de_DE.UTF-8 anpassen und mit der Option
Change timezone die Zeitzone auf Europe/Berlin ändern.

6 WOHNZIMMER-PC 3.0: SMARTTV-EIGENBAU

Einen flexiblen, leistungsfähigen und vor allem leisen Computer im Wohnzimmer zu haben, erfordert besondere Komponenten. Die Zeiten, da klobige Computer im Mini- und Midi-Tower-Format für eine flüssige, ruckelfreie Wiedergabe von Videodateien und den Internet-/Heimnetzzugriff eingesetzt wurden, sind vorbei. Nutzen Sie stattdessen den kleinen, lüfterlosen Raspberry Pi Zero mit dem eigens gebauten OpenELEC-System – nicht nur, um aus allen verfügbaren Videoquellen in Ihrem Heimnetz sämtliche Video- und Musikdateien abzuspielen, darüber hinaus haben Sie einen komfortablen Zugang zu den Internet-TV-Archiven der öffentlich-rechtlichen Sender sowie zu anderen, auch ausländischen, TV-Kanälen, die ihre Sendungen ebenfalls im Internet publizieren.

Zu guter Letzt erfahren Sie, wie Sie per Add-ons Videoarchive wie Spiegel Online, Süddeutsche.de, ARD/ZDF Mediathek und andere online komfortabel durchstöbern und werbefrei nutzen – alles bequem auf dem Sofa. Gerade die Verlagsfernsehsender bieten ein einzigartiges Programm rund um die Uhr: Reportagen, Sport, Dokumentationen, Berichte zum Zeitgeschehen – ein völlig neues Fernseherlebnis per Mausklick und on Demand. Wann immer Sie die Sendung sehen wollen, steht sie Ihnen umgehend zur Verfügung.

Mit dem Raspberry Pi in Verbindung mit dem *Open Embedded Linux Entertainment Center* – kurz OpenELEC – haben Sie einen Alleskönner im Wohnzimmer, der den Überblick über sämtliche Mediendateien im Haushalt behält und für deutlich gesteigerten Komfort und mehr Auswahl im TV-Alltag sorgt.

6.1 OpenELEC: laden oder kompilieren?

Entscheiden Sie sich für den Einsatz von OpenELEC, sollten Sie sich darüber im Klaren sein, dass Installation und Konfiguration der Multimedia-Funktionen im Raspberry Pi kein Hexenwerk sind und etwas Zeit und Geduld sowie vor allem den Willen erfordern, auftretende Probleme selbst zu verstehen und zu lösen. Fortgeschrittene haben naturgemäß mehr Möglichkeiten, auf die Konfiguration und die Zusammenstellung von OpenELEC Einfluss zu nehmen, wenn das Paket – also das System, das auf die SD-Karte kommt – selbst zusammengestellt und kompiliert wird. Jenen, die mit Linux, Terminal, Shell- und Perl-Skripten wenig oder nichts anfangen können, sei an dieser Stelle empfohlen, besser ein vorkompiliertes OpenELEC-Paket herunterzuladen und zu nutzen.

6.1.1 OpenELEC-Image herunterladen und anpassen

Egal welche Größe die Image-Datei hat, sie kommt in einem komprimierten Dateiformat in Form einer `*.tar.gz`- oder `*.tar.bz2`-Datei. Während das Entpacken solcher Dateien unter Mac OS und Linux mit eingebauten Betriebssystemwerkzeugen möglich ist, benötigen Sie unter Windows Hilfestellung. Hier laden Sie sich am besten den kostenlosen und für den Heimgebrauch völlig ausreichenden Packer 7-zip herunter (*www.7-zip.de/download.html*). Das OpenELEC-Image holen Sie sich ebenfalls aus dem Internet – die wichtigsten Internetadressen dazu sind:

OPENELEC.TV	PROJEKTWEBSEITE
Komplett-Images	*http://openelec.tv/get-openelec/*
Raspberry-Pi-Image-Downloader und Nightly-Builds (zum Ausprobieren)	*http://mrpfister.com/journal/raspberry-pi-os-image-downloader/*

Welches Betriebssystem-Image Sie auswählen, ist Geschmackssache, grundsätzlich laden Sie am besten natürlich eine Image-Datei mit einem relativ frischen Build-Datum sowie – falls unterschiedliche Größen für die Ziel-SD-Karte zur Verfügung stehen – das passende zur vorliegenden SD-Karte. In diesem Fall sparen Sie sich das spätere Anpassen der OpenELEC-Installation an die tatsächliche Kapazität der Speicherkarte.

6.1.2 Inbetriebnahme eines fertigen Kodi/OpenELEC-Images

Zumindest bei Inbetriebnahme und Ersteinrichtung ist der SSH-Zugriff auf das Raspberry-Pi-System empfehlenswert, der jedoch standardmäßig bei OpenELEC abgeschaltet ist. SSH kann aber nachträglich bei gestartetem Kodi/XBMC (wie im Abschnitt 6.2.2 „Administration über die Kommandozeile – SSH-Zugriff einschalten" beschrieben) oder durch das Erstellen einer leeren Datei mit der Bezeichnung `ssh_enable` im Verzeichnis `/storage/.config` bequem eingeschaltet werden.

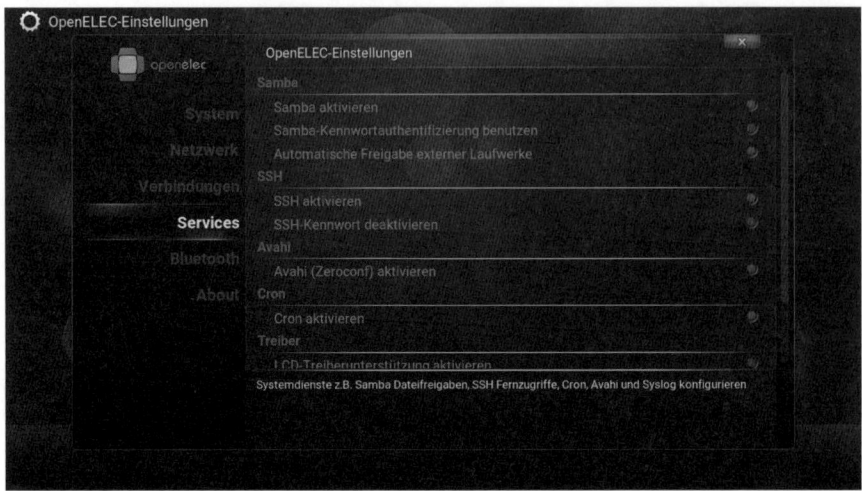

Das Aktivieren des SSH-Servers kann grundsätzlich auch über Kodi erfolgen. Vor Inbetriebnahme von Kodi ist jedoch der SSH-Zugriff notwendig. Alle Änderungen in diesem
Add-on werden erst nach einem Neustart übernommen.

Dafür stecken Sie die Speicherkarte gegebenenfalls noch einmal in den Computer, mounten die Speicherkarte in einem Unix-System und verwenden folgende
Befehle im Terminalfenster, um die Datei anzulegen:

```
cd /storage/.config
touch ssh_enable
```

Wird die Karte anschließend in einen Raspberry Pi gesteckt, sollte beim Hoch-
fahren von OpenELEC der SSH-Server mitgestartet werden. Damit ist eine SSH-
Verbindung vom Computer zum Raspberry Pi jetzt möglich. Steht die SSH-Verbindung zum OpenELEC-Server, ändern Sie das Kennwort des administrativen
root-Benutzers (Standard: openelec) per passwd-Kommando. Die weiteren Kon-
figurationsschritte erstrecken Sie dann auf die Konfiguration der Kodi-Oberfläche, die unter 6.2.1 „OpenELEC-Einstellungen anpassen und Freigaben einrichten" beschrieben ist.

6.2 Kodi-Mediacenter einrichten

Die Kodi-Oberfläche ist sozusagen das sichtbare Herzstück von OpenELEC. Nach
dem Einschalten bootet das System direkt in diese Oberfläche – eine Anmeldung
mit Benutzerkennung und Passwort ist nicht notwendig. Sind am Raspberry Pi

eine Tastatur und eine Maus angeschlossen, können Sie fürs Erste damit auch navigieren. Deutlich komfortabler sind Funktastaturen – hier gibt es eine große Auswahl, angefangen bei den kleinen Rii-Funk-Bluetooth-Tastaturen bis hin zu vollwertigen 105-Tasten-Tastaturen, die auch beispielsweise am Notebook betrieben werden können.

Bei Funktastaturen ist bei OpenELEC das A und O die Bluetooth-Treiberunterstützung des USB-Dongles. Dieser ist bei den Rii-Tastaturen mit im Lieferumfang, befindet sich innerhalb der Fernbedienung oberhalb des Touchfelds und kann seitlich zur Nutzung herausgezogen werden.

Wir hatten in der Computerecke noch eine betagte schnurlose Logitech-Tastatur diNovo edge herumliegen und sogar den kleinen dazugehörigen Bluetooth-Adapter gefunden. Einstecken, ausprobieren, und siehe da: Die Tastatur wird auf Anhieb von OpenELEC unterstützt, eine weitere zusätzliche Installation ist nicht notwendig.

Nach Anschluss der Tastatur prüfen Sie den SSH-Zugang zum Raspberry Pi – im Gegensatz zu dem „normalen" Raspberry-Pi-Image ist bekanntlich nun ein anderer Benutzer samt Kennwort bei Kodi/OpenELEC zu verwenden. Benutzen Sie für den Remote-Zugriff den administrativen Benutzer root, als initiales Kennwort ist openelec voreingestellt.

```
login as: root
root@192.168.123.23's password:
##############################################
# OpenELEC - The living room PC for everyone #
# ...... visit http://www.openelec.tv ...... #
##############################################

OpenELEC (official) Version: 6.0.0
OpenELECzero:~ #
```

Erfolgreich installiert, SSH läuft. Nun können Sie Schritt für Schritt den Raspberry Pi, OpenELEC sowie Kodi konfigurieren und auf Ihre Bedürfnisse zuschneiden.

Haben Sie den SSH-Zugriff nicht per Kernelparameter aktiviert, ist bei OpenELEC die SSH-Verbindung abgeschaltet. Sie kann aber nachträglich über Kodi oder durch das Erstellen einer leeren Datei mit der Bezeichnung ssh_enable im Verzeichnis /storage/.config bequem eingeschaltet werden.

Ist die erste Verbindung erfolgreich hergestellt, können Sie entweder weiter mit SSH oder WinSCP arbeiten, oder Sie richten sich eine komfortable Lösung via Samba ein, mit der Sie bequem von Ihrem Windows-Computer aus per Explorer oder via Mac OS per Finder auf die entsprechend freigegebenen Verzeichnisse des Raspberry Pi bzw. OpenELEC zugreifen und diese bearbeiten können.

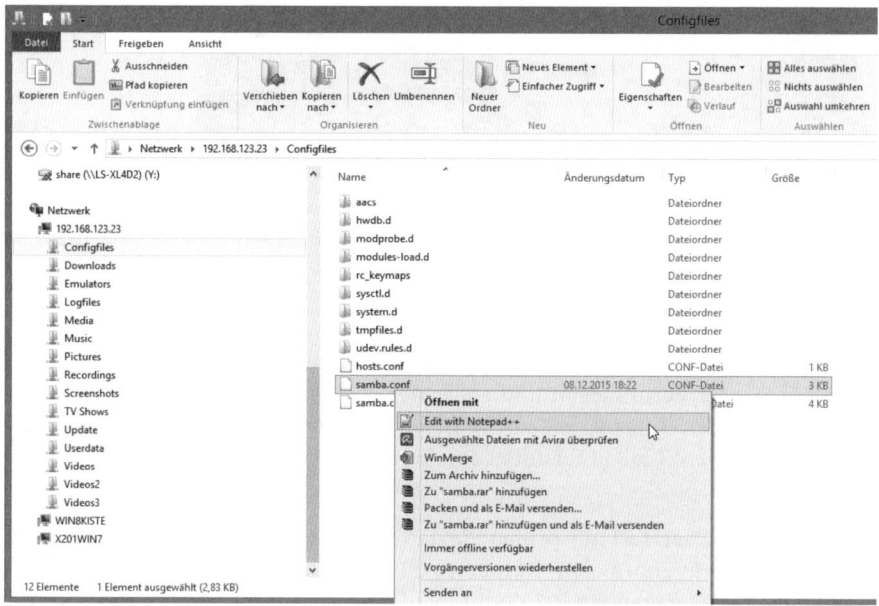

Der Weg ist das Ziel: Wie in dieser Abbildung zu sehen, stehen für sämtliche Zwecke entsprechende Austauschverzeichnisse zwischen dem Raspberry Pi und den Computern im Heimnetz zur Verfügung.

Um beispielsweise die Samba-Unterstützung für den Zugriff auf das OpenELEC-System einzuschalten, muss zunächst der Samba-Daemon auf dem Raspberry Pi aktiviert werden. Dies nehmen Sie bei gestartetem OpenELEC über die Kodi-Oberfläche vor.

6.2.1   OpenELEC-Einstellungen anpassen und Freigaben einrichten

Während früher das Einbinden der Netzwerkfreigaben per netmount.conf-Datei notwendig war, besitzt Kodi einen eingebauten Support für den NFS- (Linux), Samba- (Windows) und AFP-(Apple-)Zugriff, was den Umgang mit den unterschiedlichen Medien und Speicherorten im Heimnetz deutlich komfortabler macht. Ausgewählte Betriebssystemeinstellungen sowie ihre Kodi/XBMC-relevanten Services lassen sich bequem über das *Programs*-Menü mithilfe des mitgelieferten Add-ons *OpenELEC OS Settings* ändern. Starten Sie per Mausklick oder mit der Enter-Taste der Tastatur die entsprechende Option auf dem XBMC.

Ist *OpenELEC OS Settings* gestartet, werden vier Register angezeigt, die Sie Schritt für Schritt durchlaufen und deren Optionen Sie an Ihre persönliche Wünsche anpassen können. Im Register *System* stellen Sie zunächst das Layout für die angeschlossene Tastatur ein. Haben Sie eine QWERTZ-Tastatur samt Umlauten, wählen Sie für das Layout *de* (deutsch) – für das alternative Keyboardlayout beispielsweise *en* oder eines nach Wahl. Automatische Updates sind in diesem Beispiel abgeschaltet, beim Einsatz eines LCD-Schirms lassen sich hier noch Treiberanpassungen vornehmen.

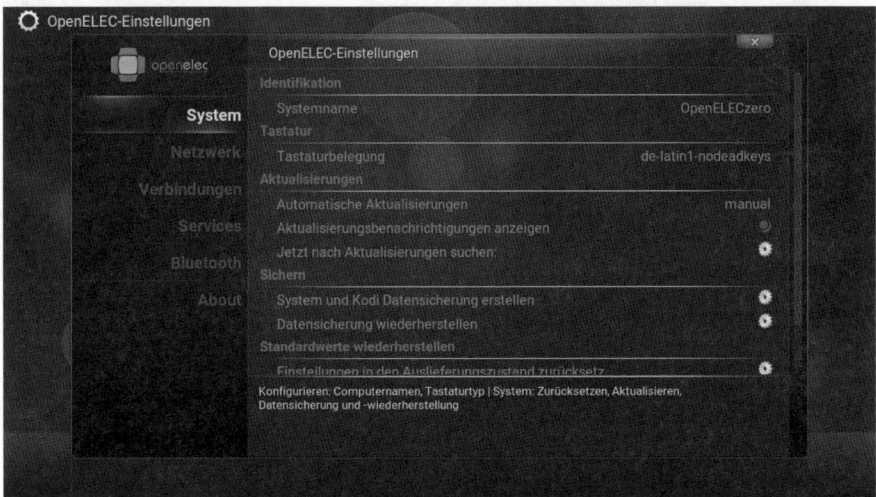

Das Umstellen der Tastatur erleichtert vor allem die Suche oder das Navigieren, wenn Umlaute genutzt werden.

Im Register *Network* sind die aktuellen Netzwerkeinstellungen untergebracht. Hier befinden sich die Parameter der eingebauten kabelgebundenen eth0-Netzwerkschnittstelle. Haben Sie ein USB-WLAN-Steckmodul im Einsatz, ist es über das Register *Network 2* zu konfigurieren.

Im Feld *Systemname* geben Sie den Namen des Raspberry Pi ein, wie er im IP-Netzwerk bzw. lokal genannt werden soll. Das hat jedoch nichts mit dem Samba-Servernamen zu tun, den Sie aus dem Windows-Netz vielleicht kennen. Im Feld *Network Adapter* brauchen Sie nichts zu ändern, es sei denn, Sie haben einen guten Grund dazu. Grundsätzlich ist OpenELEC so konfiguriert, dass es sich via DHCP automatisch mit einer IP-Adresse versorgen lässt.

Manchmal kann es auch sinnvoll sein, dem Raspberry Pi eine statische IP-Adresse zuzuweisen, etwa dann, wenn kein DHCP-Server im Netz zur Verfügung steht. In diesem Fall tragen Sie hier die IP-Adresse, die Netzmaske (in der Regel Präfix 24 für 255.255.255.0) sowie das Gateway und den DNS-Server ein.

Im nächsten Schritt schalten Sie die Zugriffsfunktionen auf das OpenELEC-Mediacenter ein. Bevor der Zugriff auf das Raspberry-Pi-System via Samba oder SSH möglich ist, muss es zunächst eingeschaltet und anschließend konfiguriert werden.

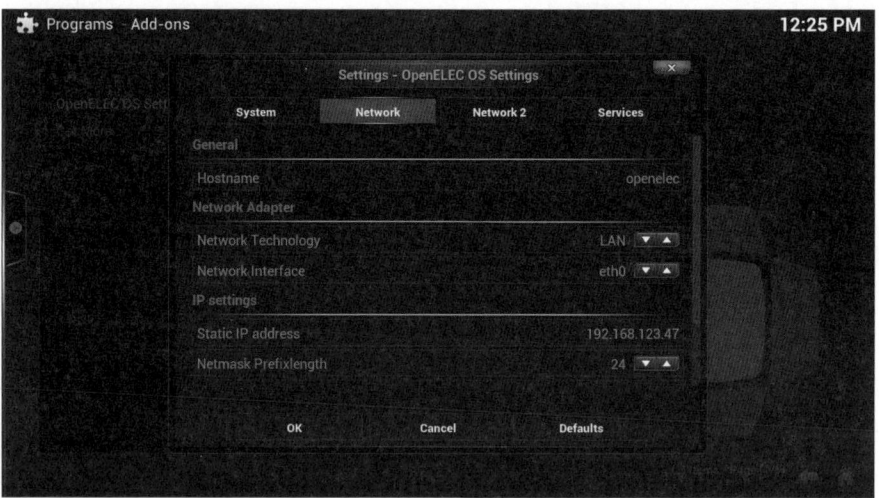

Haben Sie sich „verkonfiguriert", können Sie per Klick auf *Defaults* wieder zu den Standardeinstellungen zurückkehren.

Im Register *Services* schalten Sie per Mausklick oder Tastatur die Option *Start Samba at boot* ein. Wer den Zugriff auf den Raspberry Pi auf Benutzerebene absichern möchte, aktiviert zusätzlich die Option *Use Samba Passwords* und trägt anschließend einen Samba-Benutzernamen sowie das dazugehörige Kennwort ein. Bei einer späteren Samba-Netzwerkverbindung von Ihrem Computer aus wird dann genau diese Authentifizierungsmethode genutzt – also notieren Sie sich gegebenenfalls diese Parameter.

6.2.2   Administration über die Kommandozeile – SSH-Zugriff einschalten

Falls noch nicht via `cmdline.txt`-Kniff beim Erstellen des SD-Karten-Images geschehen, kann der SSH-Zugang über die XBMC-Oberfläche auch nachträglich noch eingeschaltet werden. Zu guter Letzt aktivieren Sie den SSH-Zugriff mit dem genannten OpenELEC-Add-on – für administrative Zwecke im Heimnetz geradezu Pflicht.

Beenden Sie jetzt das Plug-in. Möchten Sie auf Nummer sicher gehen, starten Sie den Raspberry neu, damit die Änderungen aktiv werden. Anschließend können Sie die mitgelieferte Konfigurationsdatei von Samba an Ihre Bedürfnisse anpassen, oder Sie erstellen sie komplett neu.

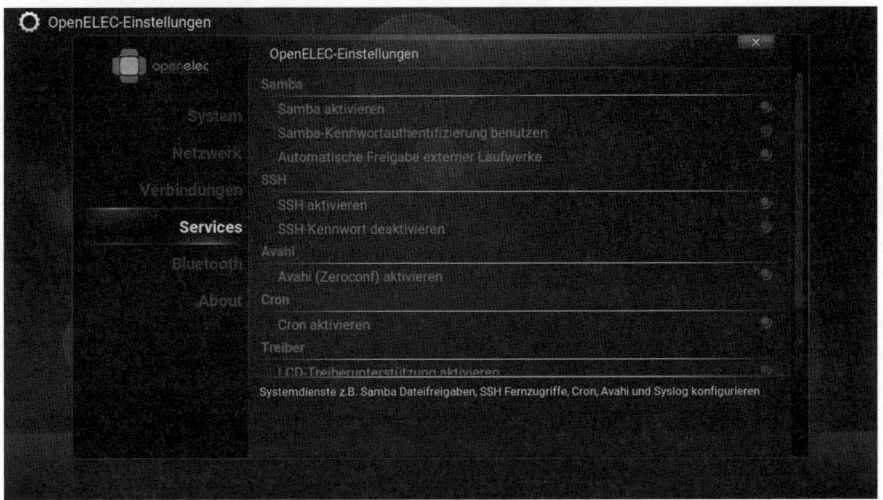

Samba und SSH einschalten: Mehr ist in diesem Dialog nicht zu tun. Schließen Sie die Konfiguration per Klick auf *OK* ab.

6.2.3 Samba einrichten: bequemer Zugriff auf das Mediacenter

Grundsätzlich nehmen Sie die Änderungen an der Samba-Konfiguration im Verzeichnis /storage/.config/ vor. Ist diese Datei fehlerfrei, wird das entsprechende Original im /etc/-Verzeichnis überschrieben und genutzt. Haben Sie also in der Datei

```
/storage/.config/samba.conf
```

eine persönliche, funktionierende Konfiguration für den vorhin aktivierten Samba-Server hinterlegt, wird die Standardkonfiguration von /etc/samba/samba. conf beim Start des Samba-Service verworfen, und die neue Datei wird genutzt.

Der erstmalige Zugriff auf die Datei

```
/storage/.config/samba.conf.sample
```

ist anfangs etwas trickreich: Kopieren Sie nach dem Verbindungsaufbau via SSH einfach in der Konsole die sample-Datei als conf-Datei und öffnen Sie die erstellte Datei mit dem altbekannten vi-Editor:

```
cp /storage/.config/samba.conf.sample /storage/.config/samba.conf
vi /storage/.config/samba.conf
```

Für den erstmaligen Zugriff reicht es im Idealfall aus, die in /storage/.config/ vorhandene samba.conf.sample-Datei als Vorlage zu verwenden und dort die *Arbeitsgruppe/Workgroup* auf die von Ihnen im Heimnetz genutzte Bezeichnung zu ändern.

Wer mit dem vi-Editor zurechtkommt, passt hier die Arbeitsgruppe, den NetBIOS-Namen (netbios name), unter dem die Freigaben im Windows-Netz sichtbar sein sollen, sowie gegebenenfalls andere Parameter wie beispielsweise zusätzliche Freigaben an. Beachten Sie jedoch auch dabei: Weniger ist mehr – Hauptsache, es funktioniert eine Freigabe, die dafür aber richtig. Nach der Änderung wechseln Sie per ⎡Esc⎤-Taste in den Befehlsmode des vi und beenden mit dem Befehl

```
:wq
```

die Bearbeitung der Datei. Möchten Sie keine Änderung vornehmen bzw. diese nicht speichern, nutzen Sie

```
:q!
```

um die Bearbeitung abzubrechen. In diesem Beispiel wurde folgende Samba-Konfiguration verwendet, die Sie als Muster weiterverarbeiten können oder die als Kontrolle dienen kann:

```
001  [global]
002    server string = Raspberry Media Center (%i)
003    workgroup = WORKGROUP
004    domain master = yes
005    local master = yes
006    preferred master = yes
007    os level = 100
008    netbios name = RaspiTV
009    security = share
010    guest account = root
011    socket options = TCP_NODELAY IPTOS_LOWDELAY SO_RCVBUF=65536 SO_
       SNDBUF=65536
012    smb ports = 445
013    max protocol = SMB2
014    min receivefile size = 16384
015    deadtime = 30
016    mangled names = no
017    syslog only = yes
018    syslog = 2
019    name resolve order = lmhosts wins bcast host
020    printcap name = /dev/null
021    load printers = no
022    browseable = yes
023    writeable = yes
024    printable = no
025    encrypt passwords = true
026    enable core files = no
027    passdb backend = smbpasswd
028    smb encrypt = disabled
029    use sendfile = yes
030
031  [Update]
032    path = /storage/.update
033    available = yes
034    browseable = yes
035    public = yes
036    writable = yes
037    root preexec = mkdir -p /storage/.update
038
039  [Videos]
040    path = /storage/videos
041    available = yes
042    browseable = yes
043    public = yes
044    writable = yes
045    root preexec = mkdir -p /storage/videos
046
```

```
047  [Videos2]
048    path = /storage/videos2
049    available = yes
050    browseable = yes
051    public = yes
052    writable = yes
053    root preexec = mkdir -p /storage/videos2
054
055  [Videos3]
056    path = /storage/videos3
057    available = yes
058    browseable = yes
059    public = yes
060    writable = yes
061    root preexec = mkdir -p /storage/videos3
062
063  [Music]
064    path = /storage/music
065    available = yes
066    browseable = yes
067    public = yes
068    writable = yes
069    root preexec = mkdir -p /storage/music
070
071  [TV Shows]
072    path = /storage/tvshows
073    available = yes
074    browseable = yes
075    public = yes
076    writable = yes
077    root preexec = mkdir -p /storage/tvshows
078
079  [Recordings]
080    path = /storage/recordings
081    available = yes
082    browseable = yes
083    public = yes
084    writable = yes
085    root preexec = mkdir -p /storage/recordings
086
087  [Downloads]
088    path = /storage/downloads
089    available = yes
090    browseable = yes
091    public = yes
092    writable = yes
093    root preexec = mkdir -p /storage/downloads
094
```

```
095  [Pictures]
096    path = /storage/pictures
097    available = yes
098    browseable = yes
099    public = yes
100    writable = yes
101    root preexec = mkdir -p /storage/pictures
102
103  [Emulators]
104    path = /storage/emulators/mame/roms
105    available = yes
106    browseable = yes
107    public = yes
108    writable = yes
109    root preexec = mkdir -p /storage/emulators/mame/roms
110
111  [Configfiles]
112    path = /storage/.config
113    available = yes
114    browseable = yes
115    public = yes
116    writable = yes
117    root preexec = mkdir -p /storage/.config
118
119  [Userdata]
120    path = /storage/.kodi/userdata
121    available = yes
122    browseable = yes
123    public = yes
124    writable = yes
125    root preexec = mkdir -p /storage/.kodi/userdata
126
127  [Screenshots]
128    path = /storage/screenshots
129    available = yes
130    browseable = yes
131    public = yes
132    writable = yes
133    root preexec = mkdir -p /storage/screenshots
134
135  [Media]
136    path = /media
137    available = yes
138    browseable = yes
139    public = yes
140    writable = yes
141    root preexec = mkdir -p /media
142
```

```
143  [Logfiles]
144    path = /storage/logfiles
145    available = yes
146    browseable = yes
147    public = yes
148    writable = yes
149    root preexec = mkdir -p /storage/logfiles
150    root preexec = createlog
```

Den Samba-Service starten Sie manuell neu mit dem Kommando:

```
smbd -s storage/.config/samba.conf
```

Gerade bei den neueren Windows-Versionen (Windows 7/8 oder Windows 10) kommt es vor, dass die Freigaben des Kodi-Mediacenters auf dem Raspberry Pi in der Netzwerkumgebung nicht sofort sichtbar sind. In diesem Fall folgen Sie den im Abschnitt 4.3.4 „Windows zickt beim Samba-Zugriff: Freigabeprobleme lösen" beschriebenen Tipps zur Windows-Konfiguration für den Zugriff auf den Raspberry Pi. In diesem Beispiel reicht die Angabe des NetBIOS-Namens (hier RaspiTV) oder alternativ der IP-Adresse des Raspberry Pi im Adressfeld des Windows-Explorers mit zwei vorangestellten Backslash-Zeichen aus, um sich die verfügbaren Freigaben anzeigen zu lassen.

6.2.4 Zugriff auf NFS/Samba-Freigaben im Heimnetz

Um entfernte Freigaben von anderen Computern auf dem Raspberry Pi bzw. auf dem Kodi-Server so einbinden zu können, als lägen sie direkt auf dem Raspberry Pi, benötigen Sie dort einen sogenannten Mountpoint. Dieser ist prinzipiell nichts anderes als ein Verzeichnis, das den Inhalt der Netzwerkfreigabe virtuell lokal zur Verfügung stellt – nämlich so lange, wie die Freigabe auch im Heimnetz erreichbar ist.

```
001  cd /storage
002  mkdir video2
003  mkdir video3
004  mkdir music2
005  ls -latr
```

Dafür erzeugen Sie im beschreibbaren /storage-Bereich das oder die Verzeichnisse, die auch mit Kodi genutzt werden sollen. Ist SSH aktiviert, verbinden Sie sich mit dem Kodi-Raspberry Pi und nutzen obige Kommandos, um wie in diesem Beispiel zwei Samba-Freigaben für die Videowiedergabe und eine NFS-Freigabe für zusätzliche Musik in den Raspberry Pi einzubinden.

6.2.5 NFS konfigurieren: Zugriff auf Linux/NAS-Server

Um vom Raspberry Pi aus auf andere Linux-Computer und NAS-Speicher in einem Heimnetz zuzugreifen, muss dieser Zugriff erst einmal eingeschaltet und konfiguriert sein. Während bessere NAS-Systeme mit RAID5 ein eingebautes grafisches Konfigurationsmenü haben, in dem sich die gängigsten Freigabearten wie Samba, AFP (*Apple File Protocol*), FTP und NFS einfach per Mausklick einrichten lassen, ist dies bei einem selbst gebauten NAS oder einem Linux-System ein klein wenig aufwendiger. Hier tragen Sie das Verzeichnis, das Sie im Netz per NFS freigeben möchten, in eine sogenannte exports-Datei ein.

Diese ist im /etc-Verzeichnis zu finden – öffnen Sie sie mit einem Editor und tragen Sie das Verzeichnis, das für den Raspberry Pi (oder auch für andere Computer im Heimnetz) freigegeben werden soll, dort ein. Wie bei Unix-Systemen üblich, ist in dieser Konfigurationsdatei eine bestimmte Schreibweise der Freigabe notwendig – orientieren Sie sich am besten an den selbsterklärenden Beispieleinträgen, die auch in der nachstehenden Abbildung zu sehen sind.

```
  GNU nano 2.2.6           File: /etc/exports                    Modified

# /etc/exports: the access control list for filesystems which may be exported
#               to NFS clients. See exports(5).
#
# Example for NFSv2 and NFSv3:
# /srv/homes       hostname1(rw,sync,no_subtree_check) hostname2(ro,sync,no_sub$
#
# Example for NFSv4:
# /srv/nfs4        gss/krb5i(rw,sync,fsid=0,crossmnt,no_subtree_check)
# /srv/nfs4/homes  gss/krb5i(rw,sync,no_subtree_check)
#
/                192.168.123.49(rw,sync,no_root_squash,no_subtree_check)
/var/nfs         192.168.123.49(rw,sync,no_subtree_check)
/var/nfs/music       192.168.123.47(rw,sync,no_subtree_check)


^G Get Help   ^O WriteOut   ^R Read File  ^Y Prev Page  ^K Cut Text   ^C Cur Pos
^X Exit       ^J Justify    ^W Where Is   ^V Next Page  ^U UnCut Text ^T To Spell
```

In diesem Beispiel werden das /-Verzeichnis und das /var/nfs-Verzeichnis für einen Computer mit der IP-Adresse 192.168.123.49 zur Verfügung gestellt.

Das /var/nfs/music-Verzeichnis wird ausschließlich für die IP-Adresse 192.168.123.49, hinter der sich in diesem Beispiel der Raspberry Pi verbirgt, freigegeben. Nach dem Speichern der Datei aktivieren Sie zunächst die Änderungen mit dem Kommando:

```
exportfs -a
```

Anschließend lassen Sie sich mit dem Befehl

```
exportfs
```

die aktiven NFS-Freigaben des Computers anzeigen.

```
# Example for NFSv4:
# /srv/nfs4        gss/krb5i(rw,sync,fsid=0,crossmnt,no_subtree_check)
# /srv/nfs4/homes  gss/krb5i(rw,sync,no_subtree_check)
#
/                192.168.123.49(rw,sync,no_root_squash,no_subtree_check)
/var/nfs         192.168.123.49(rw,sync,no_subtree_check)
/var/nfs/music     192.168.123.47(rw,sync,no_subtree_check)




                           [ Wrote 13 lines ]
root@ubuntu:/home/franzis# exportfs -a
root@ubuntu:/home/franzis# exportfs
/                192.168.123.49
/                192.168.123.32
/var/nfs         192.168.123.49
/var/nfs         192.168.123.32
/var/nfs/music   192.168.123.47
/nfs/music       192.168.123.47
root@ubuntu:/home/franzis# _
```

Änderung erfolgreich: Die Musikfreigabe für den Raspberry Pi ist nun aktiv.

Auf dem Raspberry Pi mit OpenELEC reicht das Konsolenkommando

```
mount 192.168.123.36:/var/nfs/music/ /storage/music2
```

aus, um die exportierte Freigabe /var/nfs/music/ der Unix-Maschine mit der IP-Adresse 192.168.123.36 zu mounten. Anschließend ist für das Mediacenter der Inhalt dieses Verzeichnisses in der Kodi-Freigabe /storage/music2 sichtbar.

Bessere NAS-Systeme für den SOHO-Bereich bringen ebenfalls die Windows-Freigabetechnik in Form von Samba mit – der Zugriff von einem Unix-System ist mittels CIFS *(Common Internet File System)* möglich.

6.2.6 CIFS/Samba konfigurieren: Zugriff auf Windows-Freigaben

Nachfolgend wird davon ausgegangen, dass im Heimnetz eine Samba- und/oder Windows-Freigabe bereits existiert. Das ist auch unter Windows keine große Wissenschaft: Wählen Sie den entsprechenden Ordner aus, wählen Sie im Kontextmenü der rechten Maustaste *Eigenschaften*, klicken Sie dort auf das Register *Freigabe* und anschließend auf die Schaltfläche *Erweiterte Freigabe*. Danach tragen Sie einen aussagekräftigen Freigabenamen ein und klicken auf die *OK*-Schaltfläche.

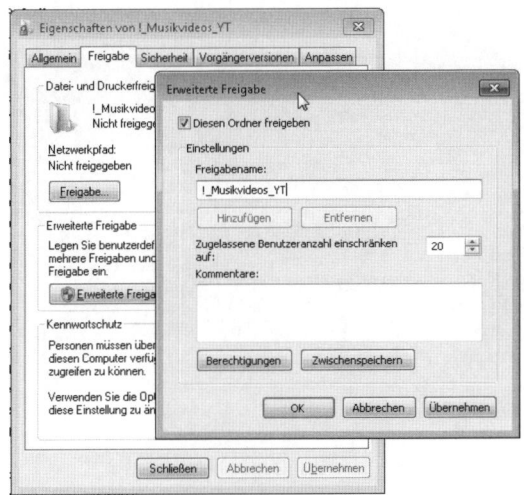

Wer den Zugriff auf die einge-richtete Windows-Freigabe auf ausgewählte Personen beschrän-ken möchte, kann per Klick auf *Berechtigungen* die entsprechen-den Benutzerkonten auswählen.

Das CIFS-Netzwerkprotokoll baut auf NetBIOS over TCP/IP und SMB auf und ist Bestandteil des Samba-Pakets. Das Einbinden der Samba-Freigaben erfolgt auf der Kommandozeile indirekt über den Befehl mount mit der Option -t cifs. Das Aus-hängen der Freigaben wird auf der Kommandozeile wie gewohnt mittels umount durchgeführt.

Die Eingaben aller dieser Kommandos können nach dem Einschalten des Rasp-berry Pi auf der Kommandozeile über SSH erfolgen. Das wird aber schnell ziemlich lästig, wenn es bei jedem Neustart manuell durchgeführt werden muss. Deshalb ist für den Raspberry-Pi-Einsatz und Kodi ein Skript empfehlenswert, das automatisch nach jedem Start ausgeführt wird. Dieses autostart.sh-Skript legen Sie im Ver-zeichnis /storage/.config/ ab, es ist wie ein einfaches Shell-Skript aufgebaut:

```
001  #!/bin/sh
002  sleep 15;
003  if [ "$(mount | grep /storage/music2)" ]; then
004      echo "mount nfs exists"
005    else
006    ping -c 5 192.168.123.36
007    if [[ $? != 0 ]]; then
008      date '+%Y-%m-%d %H:%M:%S Verbindung nicht verfuegbar'
009    else
010      date '+%Y-%m-%d %H:%M:%S Verbindung verfuegbar'
011      mkdir -p /storage/music2
012      mount -t nfs 192.168.123.36:/var/nfs/music /storage/music2
     -o nolock
```

```
013        echo "nfs wurde gemounted"
014    fi
015 fi
016 if [ "$(mount | grep /storage/videos2)" ]; then
017     echo "mount cifs video2 exists"
018 else
019     ping -c 5 192.168.123.123
020     if [[ $? != 0 ]]; then
021         date '+%Y-%m-%d %H:%M:%S Verbindung nicht verfuegbar'
022     else
023         date '+%Y-%m-%d %H:%M:%S Verbindung verfuegbar'
024         mkdir -p /storage/videos2
025         mount -t cifs //192.168.123.123/Qmultimedia /storage/videos2
-o username=kodi,password=raspi
026         echo "cifs video2 wurde gemounted"
027     fi
028 fi
029 if [ "$(mount | grep /storage/videos3)" ]; then
030     echo "mount cifs video3 exists"
031 else
032     ping -c 5 192.168.123.123
033     if [[ $? != 0 ]]; then
034         date '+%Y-%m-%d %H:%M:%S Verbindung nicht verfuegbar'
035     else
036         date '+%Y-%m-%d %H:%M:%S Verbindung verfuegbar'
037         mkdir -p /storage/videos3
038         mount -t cifs //192.168.123.123/USBDisk1 /storage/videos3 -o
username=kodi,password=raspi
039         echo "cifs video3 wurde gemounted"
040     fi
041 fi
042 smbd -s storage/.config/samba.conf
```

In diesem Fall wird das Netzwerklaufwerk nur dann eingebunden, wenn es noch nicht gemountet ist. Dazu wird in der Ausgabe des mount-Befehls per grep nach der lokalen Freigabebezeichnung gesucht. Ist diese dort nicht zu finden, wird per ping zunächst geprüft, ob der entfernte Computer überhaupt erreichbar ist. Falls ja, wird mit mkdir -p das Mount-Verzeichnis angelegt (falls nicht vorhanden), und zu guter Letzt wird der mount-Befehl angestoßen. In diesem Beispiel

```
mount -t cifs //192.168.123.123/USBDisk1 /storage/videos3 -o
username=kodi,password=raspi
```

wird der Benutzer kodi mit dem Passwort raspi benötigt. Haben Sie hingegen keinen Zugriffsschutz auf Benutzerebene auf dem Windows-PC festgelegt (Zugriff *jeder*), reicht der folgende Befehl aus:

```
mount -t cifs //192.168.123.125/!_Musikvideos_YT /storage/videos3
```

Lässt sich nach dem Erstellen der autostart.sh das Skript nicht ausführen, sollte es zunächst einmalig per chmod +x autostart.sh-Befehl ausführbar gemacht werden. Nach dem Editieren testen Sie das Skript per ./autostart.sh-Befehl, damit es auch wunschgemäß funktioniert.

```
001  vi autostart.sh
002        chmod +x autostart.sh
003        ./autostart.sh
```

Sollen auch die neu eingebundenen Verzeichnisse vonseiten des Raspberry Pi per Samba in das Heimnetz exportiert werden, ist in der letzten Zeile sichergestellt, dass die „neue", persönliche samba.conf neu initialisiert wird.

6.2.7   Praktisch: Kodi/XBMC-Webserver einschalten

Für den Zugriff auf die Kodi-Einstellungen und die Steuerung des Mediacenters bietet OpenELEC auch einen Webzugriff an, mit dem das System ferngesteuert werden kann. Somit kann jedes Gerät mit eingebautem Webbrowser auch als Fernbedienung vom Sofa aus fungieren, falls keine Tastatur oder FLIRC-Fernbedienung in der Nähe ist.

```
vi ~/.kodi/userdata/guisettings.xml
/Webserver
```

Um über die Kommandozeile per SSH den XBMC-Webserver einzuschalten, ist ein Eingriff in die guisettings.xml-Datei notwendig. Öffnen Sie diese mit einem Editor und suchen Sie nach dem String Webserver – bei dem vi-Editor also /Webserver im Befehlsmodus.

Suchen nach der Bezeichnung Webserver: Tragen Sie dort true statt false ein. Wer möchte, kann den Port für den Zugriff anpassen (hier 8088). Bei der Gelegenheit können Sie bei smb auch die Arbeitsgruppe überprüfen, die mit Ihrer Windows-Heimnetzwerkbezeichnung übereinstimmen sollte.

Wem das zu umständlich ist, der kann diese Anpassung selbstverständlich auch am Fernseher über die Kodi-Einstellungen vornehmen. Navigieren Sie über *OPTIONEN/Einstellungen/Dienste/Webserver/Einstellungen* zu dem *Webserver*-Menü:

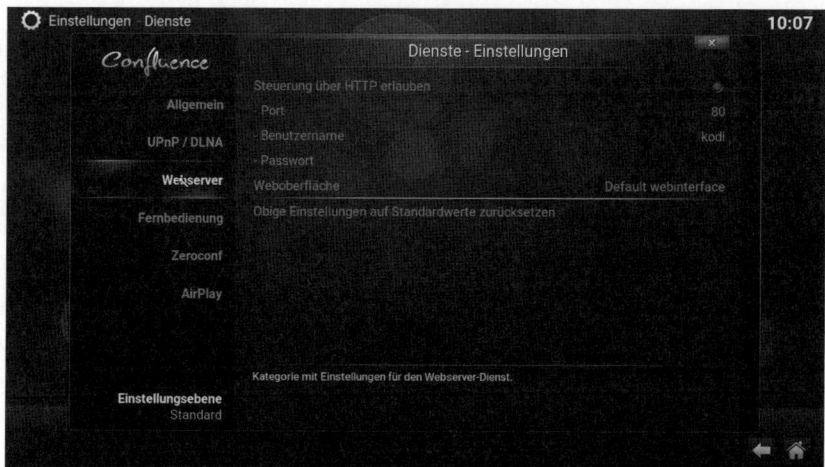

Zunächst schalten Sie den HTTP-Zugriff ein, anschließend passen Sie – falls gewünscht – den Port an. Für den Usernamen kodi wählen Sie ein Kennwort für den Zugriff aus.

Auch die grundsätzliche Samba-Konfiguration ist unter Kodi hinterlegt. Hier sollten Sie zumindest die Arbeitsgruppenbezeichnung anpassen, damit die Standardfreigaben von Kodi anschließend in Ihrem Heimnetz bereitgestellt werden können. Unter *Workgroup* tragen Sie die Bezeichnung der Arbeitsgruppe Ihrer Windows-Computer ein. Nach dem Ändern sollen die Einstellungen natürlich auch aktiv werden. Hier fordert Kodi in der Regel einen Neustart des Systems an. Nach dem Neustart des Raspberry Pi Zero prüfen Sie das Kodi-Webinterface.

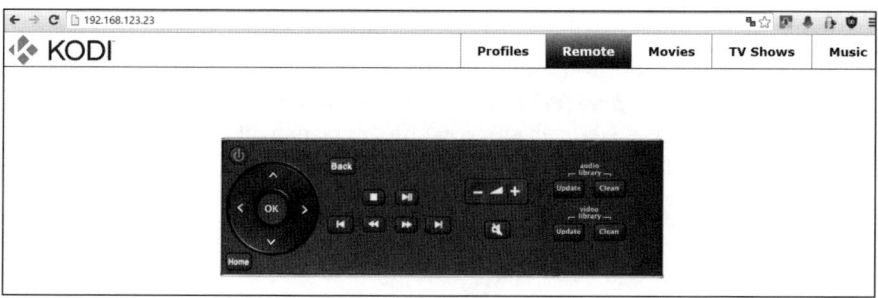

Einfach, praktisch, gut: Mit der Remote-Fernbedienung über HTTP können Sie das Mediacenter des Raspberry Pi auch bequem per Webseite steuern.

Beachten Sie, dass Sie den Webserver nur laufen lassen sollten, wenn Sie ihn auch wirklich einsetzen. Aufgrund der beschränkten Ressourcen des Raspberry Pi ist es sinnvoll, zugunsten einer besseren Performance nur die notwendigsten Services zu betreiben.

6.2.8 Wettervorhersage mit dem Wetter-Plug-in

Wer mit jedem System und jederzeit über das Wetter und die Vorhersage in den nächsten Tagen informiert sein will, der aktiviert auch auf dem Raspberry Pi das Wetter-Plug-in.

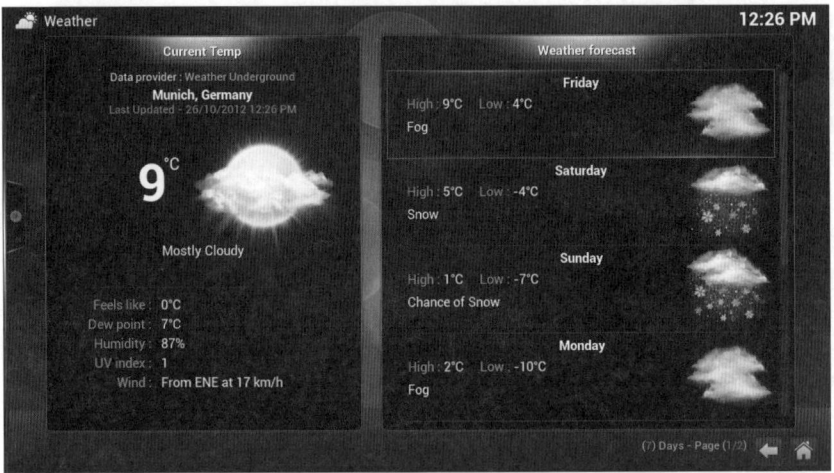

Schön gemacht, aber auf dem Raspberry Pi aus Ressourcengründen schön nutzlos.

Der Raspberry Pi ist mit Kodi mehr als genug beschäftigt, deswegen wurde neben dem Wetter-Plug-in über *Einstellungen/Darstellung/Einstellungen* das RSS-Laufband deaktiviert, um die eingebaute CPU nicht permanent auf 100 % CPU-Auslastung zu betreiben.

6.2.9 OpenELEC: hohe CPU-Auslastung reduzieren

Verfolgt man im Internet in den OpenELEC-Foren Diskussionen darüber, wo am häufigsten Probleme und Nachfragen auftreten, ist die Thematik CPU-Auslastung und Speicherauslastung mit auf den vorderen Plätzen. Hier sind die Standardantworten immer die gleichen: unnötige Dienste abschalten, Features wie Wetter-Frontend und RSS-Benachrichtigungen abschalten – doch die CPU-Belastung scheint unvermindert hoch zu bleiben.

Eine Hilfe ist jedoch der Hinweis eines Kodi-Entwicklers, den Fokus in die richtige Richtung zu legen – wie auf der Webseite *http://thepcspy.com/read/how-fix-idle-100-cpu-issue-xbmc/* zu diesem Thema beschrieben. Das Reaktivieren der sogenannten Dirty Regions soll helfen, die CPU-Last spürbar zu senken. Falls aktiviert, werden nur die geänderten Menübereiche neu berechnet, anstatt das komplette Menü neu auf dem Bildschirm aufzubauen.

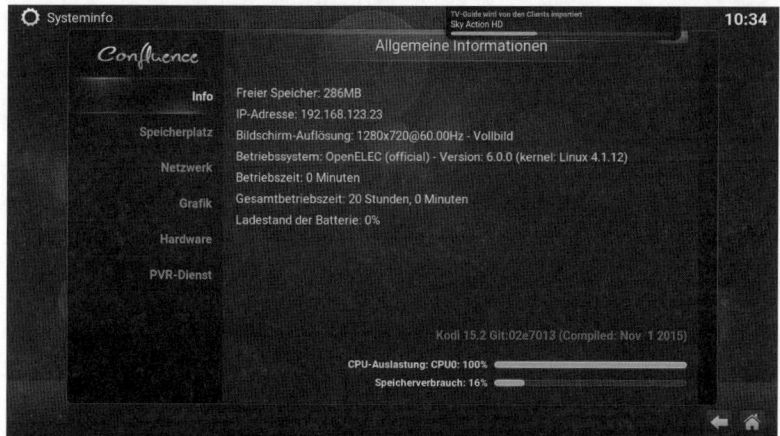

Speicherauslastung in Ordnung, CPU-Auslastung mies: Hier ist etwas Tuning angesagt, um die CPU-Last im Leerlauf zu reduzieren.

Haben Sie die in diesem Buch beschriebene Samba-Konfiguration im Einsatz, können Sie bequem per Windows-Explorer, Mac OS X Finder oder über andere Dateimanager auf die Netzwerkfreigabe /storage/.config zugreifen. Dort erstellen Sie eine Datei mit dem Namen advancedsettings.xml. Dasselbe können Sie allerdings auch per SSH in der Konsole tun:

```
nano /storage/.config/advancedsettings.xml
```

Die Datei müssen Sie natürlich nicht komplett abtippen. Laden Sie sie sich besser von der OpenELEC-Projektseite (*https://github.com/OpenELEC/OpenELEC.tv/blob/master/projects/RPi/xbmc/advancedsettings.xml*) als Schablone herunter und passen Sie die Einträge an:

```
001  <?xml version="1.0- encoding="UTF-8-?>
002  <advancedsettings>
003      <!-<loglevel>1</loglevel>->
004      <splash>false</splash>
005      <showexitbutton>false</showexitbutton>
```

```
006    <destroywindowcontrols>false</destroywindowcontrols>
007    <fanartheight>512</fanartheight>
008    <thumbsize>256</thumbsize>
009    <bginfoloadermaxthreads>2</bginfoloadermaxthreads>
010    <useddsfanart>true</useddsfanart>
011 <gui>
012    <algorithmdirtyregions>3</algorithmdirtyregions>
013    <nofliptimeout>0</nofliptimeout>
014    <visualizedirtyregions>off</visualizedirtyregions>
015 </gui>
016 <network>
017    <cachemembuffersize>30242880</cachemembuffersize>
018 </network>
019 <samba>
020    <clienttimeout>30</clienttimeout>
021 </samba>
022 </advancedsettings>
```

Die neue XML-Datei sollte die gleichen Berechtigungen besitzen wie die anderen XML-Dateien, die sich bereits im userdata-Verzeichnis befinden.

```
001 mv /storage/.config/advancedsettings.xml ~/.kodi/userdata/
002 chmod 644 ~/.kodi/userdata/advancedsettings.xml
003 ls ~/.kodi/userdata/ -latr
```

Das ist es zunächst gewesen. Starten Sie XBMC neu und prüfen Sie, ob die erstellte XML-Datei verarbeitet und genutzt wird. Wir stellten lediglich einen leichten Rückgang der CPU-Auslastung auf 88 % fest – also nicht ganz der durchschlagende Erfolg. Das war übrigens auch der Tatsache geschuldet, dass die Auflösung unverändert auf 1.920 × 1.080 geblieben war. Das soll jedoch so bleiben, da im Heimnetz über den Raspberry Pi häufig HD-Streams übertragen und auf den Schirm gebracht werden müssen.

6.2.10 Mehr Funktionen: Add-ons nachrüsten, einrichten und nutzen

Spiegel Online, N24, Bild.de, YouTube, Süddeutsche.de und viele mehr, die sich groß im Internet präsentieren und dort Videomaterial veröffentlichen, lassen sich auch via Kodi/XBMC als Video-Add-on einbinden. Damit haben Sie dann nicht nur eine übersichtliche Aufbereitung der Videos der entsprechenden Angebote, sondern auch eine werbefreie und somit mittlerweile komfortable Darstellung und Navigation. Die Video-Add-ons lassen sich bequem über die Kodi-Startseite per *Optionen/Einstellungen*, Enter-Taste, *Addons* installieren. Nach Download und Installation stellt das Plug-in die ausgewählte Webseite als Videoquelle bereit.

Als Videoquelle können Sie nahezu jede beliebige Webseite, die Videos bereitstellt, hinzufügen. Voraussetzung ist jedoch, dass ein entsprechendes Add-on für den XBMC zur Verfügung steht.

Haben Sie beispielsweise das umfangreiche Videoarchiv von Spiegel.tv als Videoquelle aktiviert, können Sie die dort definierten Sparten einsehen und von dort aus weiter in den Tiefen des Archivs wühlen.

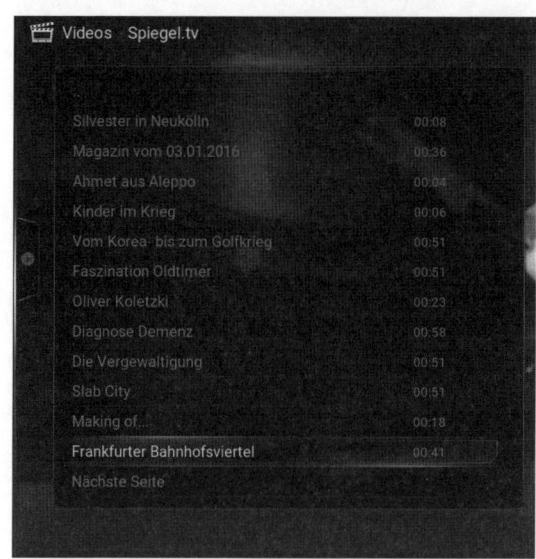

Navigieren Sie durch das Videoarchiv von Spiegel.tv und spielen Sie die ausgewählten Videos bequem auf dem Fernseher ab.

Sind auf dem Raspberry Pi verschiedene Laufwerke von anderen Computern gemountet und als Freigabe eingebunden, stellt die Kodi/OpenELEC-Standardinstallation auch Multimedia-Daten wie Bilder, Videos und Musik im Heimnetz für UPnP-taugliche Geräte zur Verfügung.

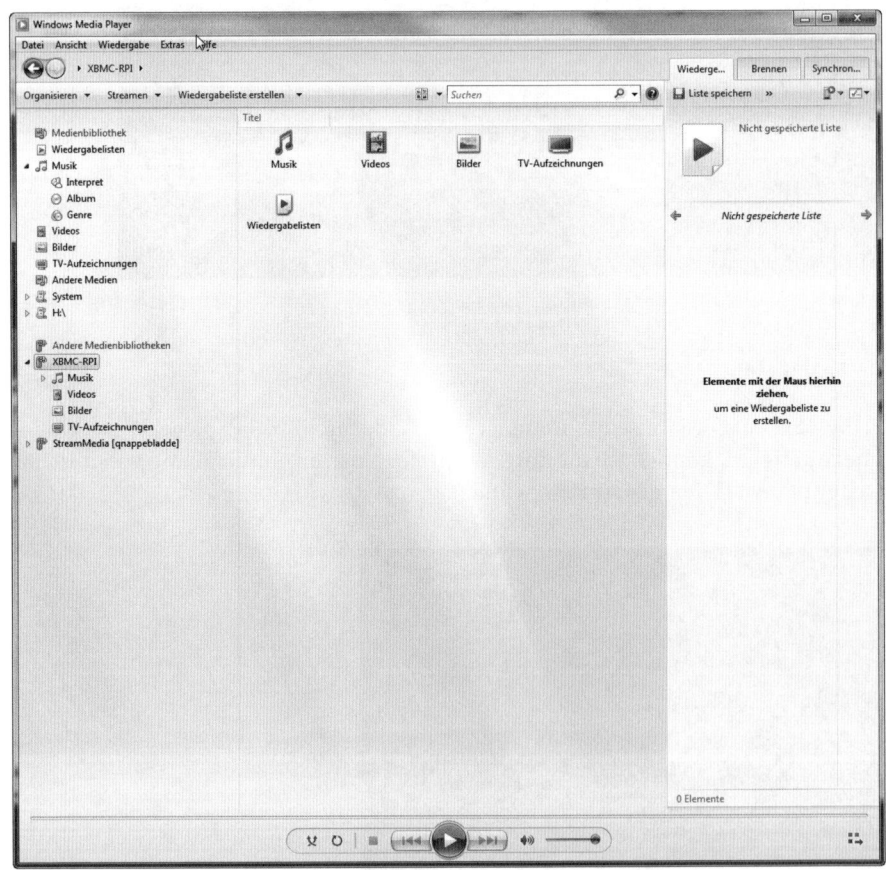

UPnP-Player im Heimnetz: Beim Start grast der Mediaplayer die komplette Heimnetzwerkumgebung ab und stellt das verfügbare Material in seiner Mediathek bereit.

Das Abspielen der Mediendateien über das Netzwerk funktioniert in der Regel reibungslos – bei der Wiedergabe von MPEG-codiertem Material auf dem TV bei der Wiedergabe über den Raspberry bleibt jedoch der Bildschirm schwarz. Und leider erscheint kein Hinweis – doch im Raspberry-Umfeld ist allgemein bekannt, dass dem Raspberry Pi einfach die nötigen Lizenzen für die MPEG-Wiedergabe fehlen. Durch den nachträglichen Kauf der Lizenzen machen Sie die Wiedergabe möglich.

6.2.11   MPEG-2- und MPEG-1-Codec nachreichen

Nur für die Nutzung von Kodi und OMXPlayer ist die etwas nervige Option interessant, für das Abspielen von Videodateien, die im MPEG-2- oder MPEG-1-Format vorliegen, die jeweils passende Lizenz für den Decoder zu kaufen. Dies sind offensichtlich Lizenzkosten, die an die MPEG-Organisation gehen.

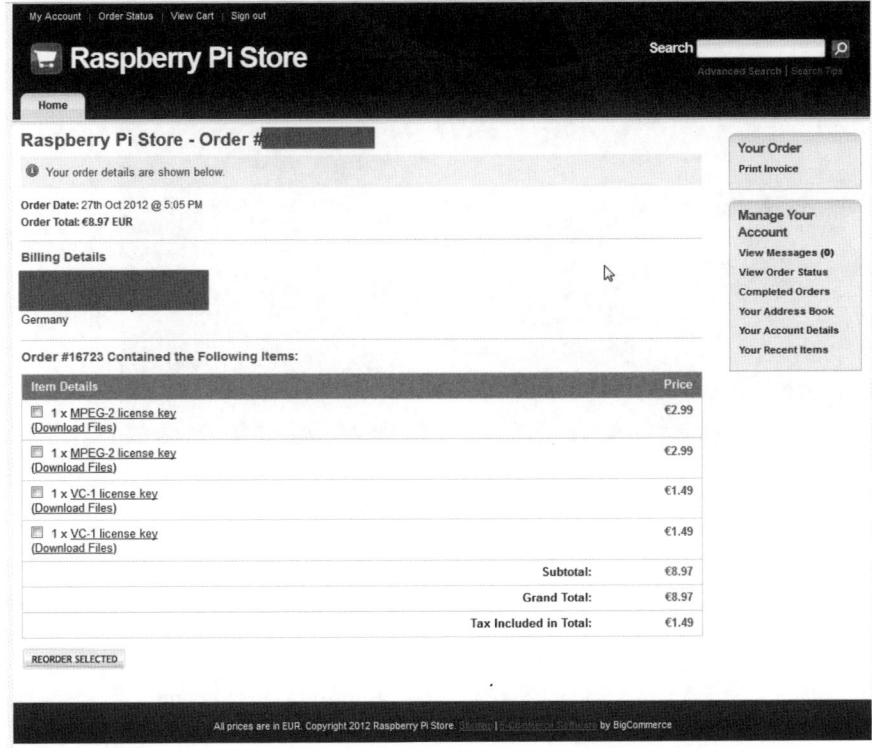

Hier erhalten Sie die passenden Keys für Ihren Raspberry Pi: *http://www.raspberrypi.com/ license-keys/*.

Um die passenden Lizenzen zu kaufen, öffnen Sie die Webseite *www.raspberrypi. com/license-keys/*. Für die Bestellung ist die Seriennummer Ihres Raspberry Pi erforderlich – der Code, den Sie nach Ablauf der Bestellung erhalten, ist jedoch an den Raspberry Pi gebunden und muss zur Nutzung in der Konfigurationsdatei config.txt des Raspberry Pi angegeben werden. Um die Seriennummer des Raspberry Pi herauszufinden, öffnen Sie die Kommandozeile via SSH und geben den Befehl

```
cat /proc/cpuinfo
```

ein.

In der letzten Zeile erhalten Sie die Seriennummer: Markieren Sie diese mit der Maus und kopieren Sie sie in die Zwischenablage. Anschließend kann die Seriennummer einfach in den Bestelldialog auf der Webseite hineinkopiert werden.

Nach wenigen Stunden bis zu mehreren Tagen erhalten Sie eine E-Mail, in der sich der persönliche, generierte Code für die Decodierung der Videodateien beim Abspielen befindet. Um diesen Code dem Raspberry Pi bzw. dem XBMC bekannt zu machen, ist es erforderlich, dass Sie die Konfigurationsdatei config.txt bearbeiten und den Code eintragen. Sie können entweder die SD-Karte aus dem Kartenschacht des Raspberry holen und anschließend über den Computer die Konfigurationsdatei öffnen, oder Sie bearbeiten die Datei via SSH direkt im laufenden Betrieb. Bei einem normalen Raspberry Pi öffnen Sie via SSH die Datei /boot/config.txt:

```
nano /boot/config.txt
```

Bei dem OpenELEC-System ist die config.txt-Datei im schreibgeschütz-
ten /flash-Bereich untergebracht. Bereiten Sie zunächst den Flashspeicher für
Schreibaktionen vor und ändern Sie im zweiten Schritt die config.txt-Datei.
Nach dem Speichern der Änderungen setzen Sie den Schreibschutz für den Flashspeicher wieder zurück.

```
001  mount -o remount,rw /flash
002  vi /flash/config.txt
003  mount -o remount,r /flash
```

Fügen Sie für jeden Codec eine neue Zeile hinzu und tragen Sie ihn wie die nachstehenden Beispielcodes ein:

```
decode_MPG2=0x56781234,0x00001234
decode_WVC1=0x12345678,0x00005678
```

Sind mehrere Schlüssel in Einsatz, beispielsweise weil Sie die MPEG-2- und
MPEG-1-Codierung für mehrere Geräte gekauft haben, tragen Sie alle Schlüssel
in eine Datei ein. Der wesentliche Vorteil ist, dass die Speicherkarte dann auch
bequem auf unterschiedlichen Raspberry-Pi-Geräten genutzt werden kann. Nach
dem Eintragen der Schlüssel sollte das Abspielen von MPEG-2- und MPEG-1-co-
diertem Videomaterial möglich sein.

6.2.12 Manchmal praktisch: Screenshots erstellen

Für Dokumentationszwecke und Ähnliches ist das Anfertigen eines Screenshots
der Kodi/OpenELEC-Oberfläche eine willkommene Möglichkeit, die einfach per
angeschlossener Tastatur mithilfe der Druck -Taste erledigt werden kann. Ist keine
Tastatur am Raspberry Pi Zero angeschlossen, sondern lediglich eine spartani-
sche Fernbedienung im Einsatz, lässt sich der Screenshot auch von einem anderen
Computer aus über eine SSH-Verbindung auf dem Raspberry Pi über die Kommandozeile erstellen.

Dafür nutzen Sie auf dem Kodi/OpenELEC-System das kodi-send-Kommando
mit diesen Parametern:

```
kodi-send --host=127.0.0.1 -a „TakeScreenshot"
```

Alternativ lässt sich, wie im Abschnitt 4.2.3 „Raspberry Pi per Mausklick abschalten" beschrieben, mit dem putty/plink-Werkzeug auch eine bequeme Batchdatei
per Mausklick vom Windows-Desktop aus starten. Die angefertigten Screenshots
landen im /storage/screenshots-Verzeichnis auf dem Raspberry Pi.

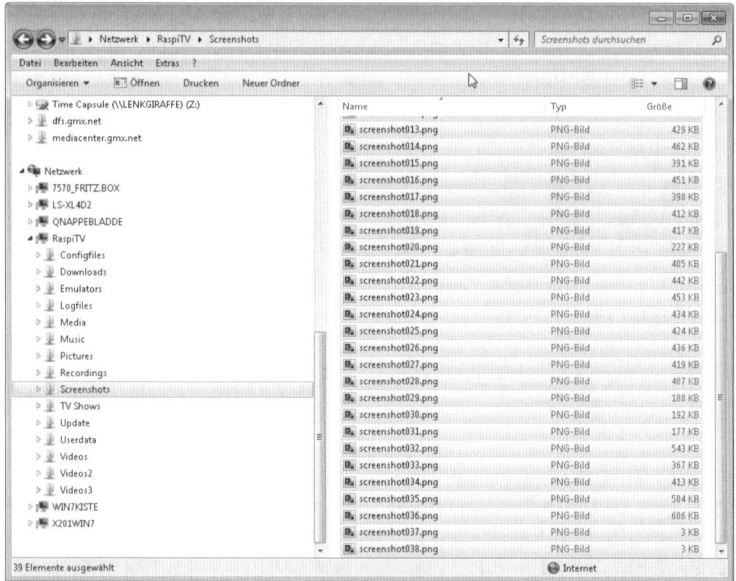

Beim auf das Heimnetz zugeschnittenen Samba-Server stellen Sie im Idealfall dieses Verzeichnis als Freigabe im Heimnetz zur Verfügung, sodass Sie einfach per Explorer (Windows) oder Finder (Mac OS X) darauf Zugriff haben.

6.3   Raspberry Pi als TV-Box

Das in der Open-Source-Gemeinde beliebte Kodi ist den meisten noch unter dem Namen XBMC bekannt. Damit lässt sich der Raspberry Pi zum Mediacenter und als TV-Box ausbauen. So steckt der Raspberry Pi Zero und erst recht der Raspberry Pi 3 sogar Multimedia-Rechner und in Flat-TVs eingebaute Smart-TV-Lösungen locker in die Tasche. Wer eine Dreambox-/Enigma2-kompatible TV-Box für Kabel- oder SAT-TV im Einsatz hat, freut sich mit einem Raspberry Pi und installiertem Kodi doppelt: Mit einem kleinen Hack auf der TV-Box sorgen Sie dafür, dass das TV-Angebot über das Heimnetz auf den Raspberry Pi gestreamt und an dem dort angeschlossenen Bildschirm ausgegeben wird. Nicht nur das Streaming von Video- und TV-Inhalten, sondern auch eine bequeme Steuerung per Smartphone oder Tablet ist möglich – und mit einer passenden Kodi/XBMC-Fernbedienung kommt sogar richtiges Sofafeeling auf. Damit ist diese vorgestellte Raspberry-Pi-Lösung prädestiniert für Garten-TV im Sommer mit Fußball-Live-übertragungen oder für den Junior, der mit seinen Kumpels in seinem Zimmer am

Computerbildschirm seine Kinderserie betrachten möchte, ohne dass man gleich den SAT-Receiver oder die Kabelbox im Wohnzimmer abbauen muss.

6.3.1   Besser zum Streamen: TV-Box auf Linux-Basis

Wechseln Sie irgendwann Ihren TV-Serviceanbieter – wenn Sie beispielsweise den TV-Vertrag (Entertain in allen Variationen) mit der Telekom kündigen –, sind TV-Aufnahmen auf dem IPTV-Receiver von heute auf morgen Geschichte, sie lassen sich nicht mehr abspielen. Das passiert auch dann, wenn Sie einen Kabel-TV-Vertrag samt Leih-TV-Rekorder im Einsatz haben. Die Hardware ist nach Vertragskündigung ebenfalls reif für den Schrottplatz: Der TV-Receiver ist in der Regel Bestandteil des TV-Servicevertrags. Wer ein Leihgerät mit monatlicher Miete sein Eigen nennt, muss es nach Vertragsende zurückschicken, und bei einem Kaufgerät haben Sie einen Briefbeschwerer, da sich die Kanäle nicht mehr abrufen lassen. Die vorhandenen Aufnahmen in der TV-Box lassen sich ebenfalls nicht mehr abspielen – DRM sei Dank.

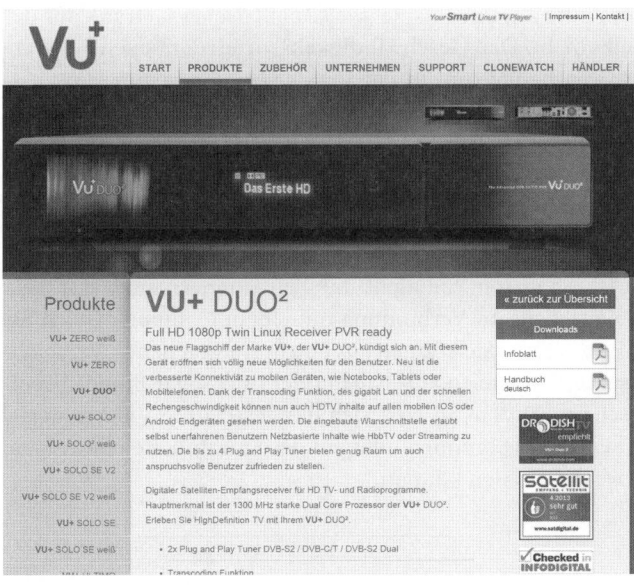

Linux-kompatible TV-Boxen für jeden Anwendungszweck: egal ob mit oder ohne Festplatte, SAT/Kabel/DVB-T oder Streaming-Möglichkeiten. VU+ hat verschiedene Modelle im Sortiment, die das TV-Erlebnis in Sachen Bedienungskomfort auf ein neues Niveau heben.

Da in Sachen Hardware jeder TV-Anbieter sein eigenes Süppchen kocht, sind die anfangs gesponserten günstigen Geräte von jetzt auf gleich nutz- und wertlos. Die TV-Receiver von VU+ sind auf den ersten Blick TV-Boxen wie jede andere auch – doch bei genauerem Hinsehen entdeckt man, dass mehr in den schwarzen Kästen steckt: Obwohl das leichte Gehäuse nicht wirklich viele Bauteile enthält, leistet diese Box Erstaunliches: Das liegt vor allem daran, dass die Software und die Alternativsoftware auf die verbauten Hardwarekomponenten zugeschnitten sind und kein langsames Betriebssystem Ressourcen verschwendet. Im Gegenteil: Mit den Modellen von VU+ (*www.vuplus.de*) können Sie mehr machen als nur fernsehen: Filme auf der angeschlossenen Festplatte aufnehmen, das TV-Programm übersichtlich darstellen lassen und vieles mehr.

6.3.2 Streaming-Server installieren

Und wer seine Alleskönner-TV-Box für SAT- und Kabelempfang weiter verbessern möchte, der kann das mithilfe einer angepassten Firmware für den TV-Receiver tun. Damit rüsten Sie Funktionen wie eine bequeme Steuerung der Box über die Webschnittstelle nach, passen die Benutzeroberfläche nach Wunsch an, sortieren die Kanallisten und Bouquets bequem am Computer, starten die Aufnahme der TV-Sendungen bequem per Knopfdruck, haben eine übersichtliche TV-EPG-Zeitschrift auf dem Bildschirm, nutzen den Bedienungskomfort beim Abspielen, halten das TV-Programm kurz an, um beispielsweise ein frisches Getränk aus der Küche zu holen, und vieles mehr. Den Geschwindigkeitsvorteil der neuen Software merken Sie schon beim Anschalten und in der Praxis vor allem beim Umschalten – also beim Zapping durch die Kanäle. Zudem lassen sich viele Funktionen, Menüs und Tasteneinstellungen anpassen.

Durch den integrierten Speicher hält die VU+-TV-Box je nach Programmanbieter die meisten Programminfos für mehrere Tage im Voraus zum Abruf bereit – einfach genial, wenn Sie neugierig sind und wissen wollen, was in den nächsten Tagen im TV zu sehen ist. So sparen Sie nicht nur Zeit, sondern auch das Geld für die monatliche TV-Zeitschrift. In Verbindung mit einem Computer holen Sie noch mehr aus der TV-Box heraus: Sie können aus einem freigegebenen Verzeichnis des Computers heraus Videodateien anschauen oder dort sogar Filme abspeichern, die gerade angeschaut werden. So lässt sich das gestreamte Videomaterial anschließend im Nu auf eine DVD brennen oder auf das Smartphone übertragen, damit Sie es auch unterwegs genießen können.

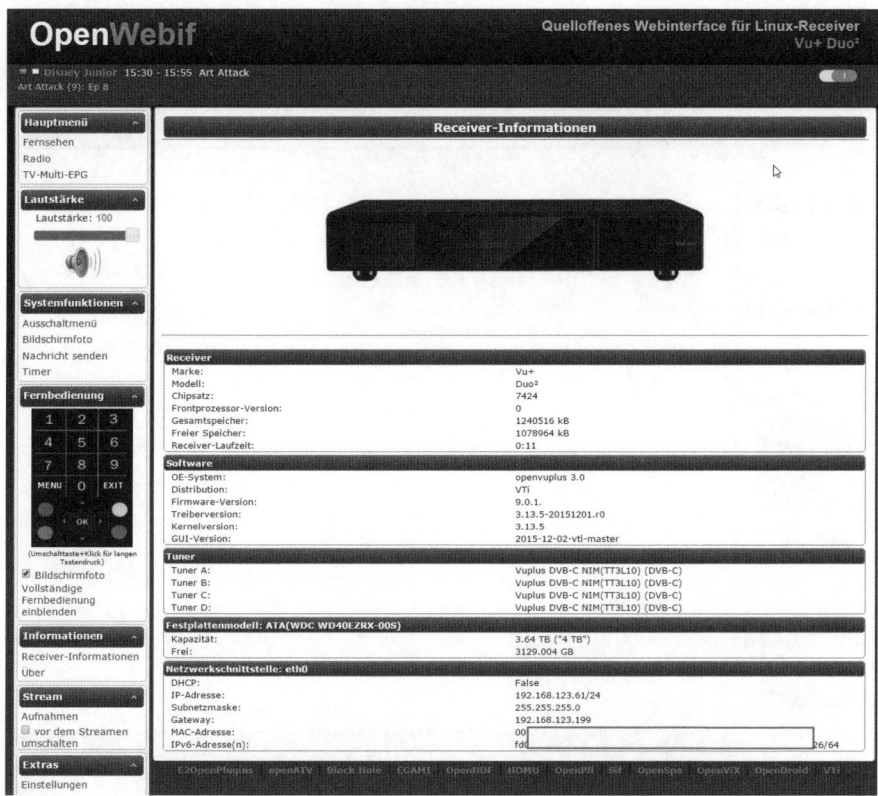

Hat der Linux-taugliche TV-Receiver zwei oder mehr TV-Tuner für Kabel-/SAT-Empfang an Bord, lässt sich einer für den Kodi/Raspberry Pi im Netzwerk verwenden.

Im Fall einer alternativen Firmware für die TV-Box – beispielsweise das VTI-Image (erhältlich über *www.vuplus-support.org*) – erweitert das OpenWebif-Plug-in die TV-Box um die Browserschnittstelle, die sich auch von anderen Plug-ins und Apps verwenden lässt. Mit dem OpenWebif-Plug-in lassen sich diverse Funktionen wie Fernbedienung, EPG-Steuerung und Timer-Erstellung, Streaming und Transcoding-Stream eines TV-Programms verwenden, aber auch Einstellungen an der Box vornehmen oder bequem Kanallisten und Bouquets bearbeiten. Falls noch nicht vorhanden oder aktiviert, lässt sich das OpenWebif-Plug-in über den VTi Software Manager einbinden – dort wählen Sie im Hauptmenü *Plugins* dann *OpenWebif* aus. Anschließend ist OpenWebif im Webbrowser unter der IP-Adresse der TV-Box im Heimnetz erreichbar.

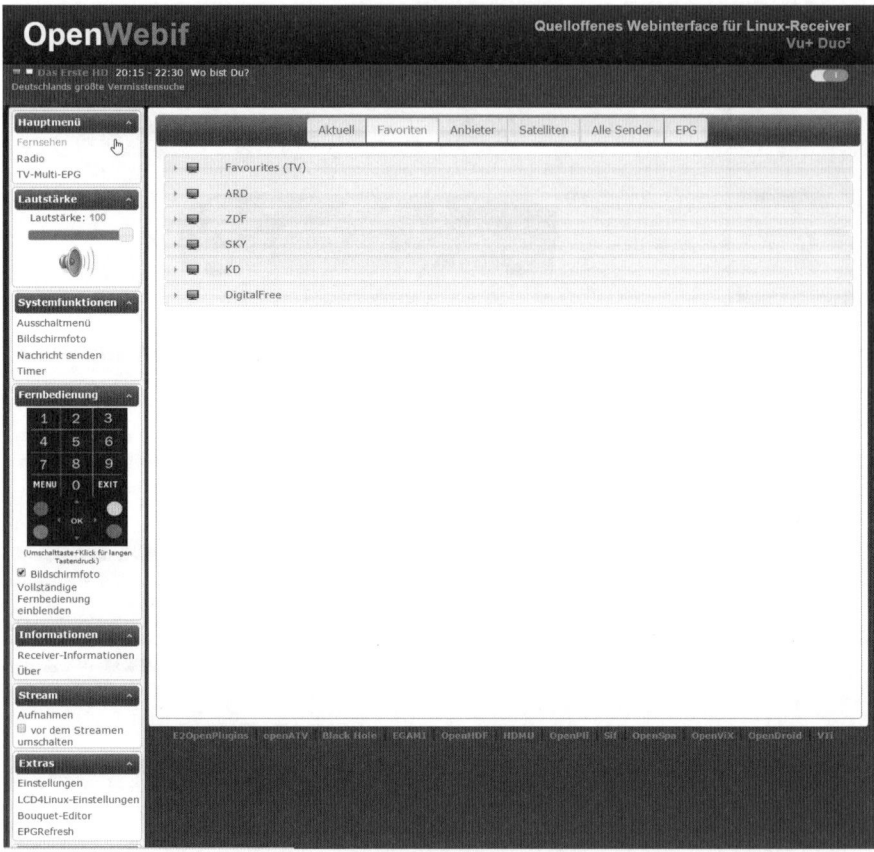

Herzstück der vorgestellten TV-Streaming-Lösung ist der TV-Box-Webserver, der standardmäßig über das OpenWebif-Plug-in zur Verfügung steht.

6.3.3 TV-Box mit Kodi verheiraten

Falls noch nicht geschehen, stellen Sie auf dem Kodi-System des Raspberry Pi über *System/Einstellungen* zunächst die korrekte *Sprache/Region* ein. Im zweiten Schritt sollte auch der Bildschirm bzw. die Auflösung perfekt auf den genutzten Bildschirm ausgerichtet sein, da sonst der nervige Schwarze-Ränder-Effekt auftreten kann. Dies erledigen Sie über das Kodi-Menü *System/Settings/System/Video/ Video Kalibrierung.*

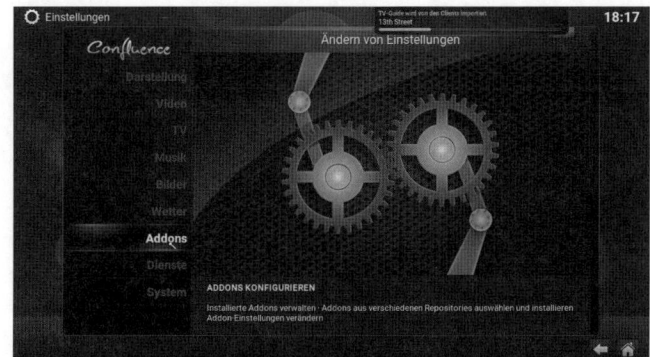

Über *System/Einstellungen/Addons* und die Option *Suchen* nach dem Suchbegriff vu holen Sie sich das passende Add-on für die TV-Box auf den Raspberry Pi.

Für das Streamen der TV-Inhalte von der TV-Box zum Raspberry Pi ist auf der Kodi-Oberfläche eine passende Erweiterung nötig, die Sie über *System/Einstellungen/Addons* mittels des Suchbegriffs vu über die Option *Suchen* finden. Dort taucht als Suchtreffer der gewünschte Client auf – in diesem Beispiel ist das der *PVR-Client VU+/Enigma2-Client* in der Version 1.07. Wählen Sie ihn aus und navigieren Sie mit den Pfeiltasten der TV-Box-Fernbedienung auf die Schaltfläche *Installation*, um das Add-on auf der TV-Box zu installieren. Dies ist in wenigen Augenblicken erledigt, im nächsten Schritt braucht das Add-on nur noch konfiguriert zu werden. Das erledigen Sie ebenfalls mit der Fernbedienung der TV-Box. Zunächst navigieren Sie zu der *Konfigurieren*-Schaltfläche und bestätigen mit der *OK*-Taste die Auswahl, um zu den Add-on-Einstellungen zu gelangen. Um die IP-Adresse oder den Hostnamen im Heimnetzwerk zu konfigurieren, verwenden Sie erneut die Fernbedienung, um mithilfe der Bildschirmtastatur die nötigen Parameter einzutragen.

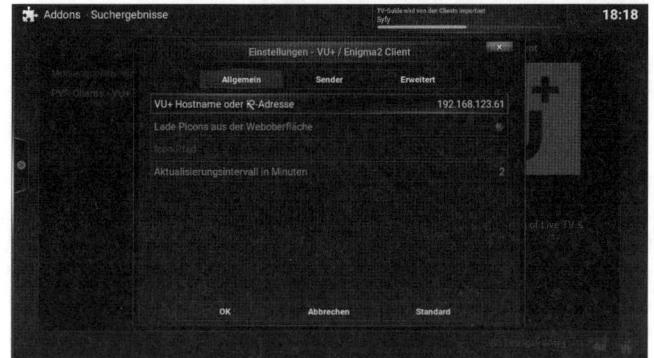

Nach der Installation des Add-ons tragen Sie die IP-Adresse oder alternativ den Hostnamen ein, unter dem die TV-Box im Heimnetz erreichbar ist.

Wer den Standardport 8001 des Enigma2-Receivers für die Streaming-Lösung nicht verwenden möchte, kann das Add-on entsprechend anpassen – über die *Erweitert*-Registerkarte lässt sich auch das sichere HTTP-Verfahren einschalten, falls Sie die Inhalte über eine HTTPS-Verbindung transportieren möchten. Nach der Konfiguration sollte im Kodi-Hauptmenü ein neuer Menüeintrag *Live TV* erscheinen – falls nicht, führen Sie einen Neustart des Raspberry Pi durch, damit die Änderungen aktiv werden. Mit dem Start der Live-TV-Anwendung auf dem Raspberry Pi werden auch die praktischen EPG-Daten auf die Speicherkarte geladen, was anfangs etwas dauern kann, wenn eine größere Programmliste übertragen wird. Damit sind die Grundeinstellungen erledigt, im Großen und Ganzen sollte nun die TV-Funktionalität auf dem Kodi-System arbeiten. Damit die jeweiligen TV-Schaltflächen systemweit auf dem Raspberry Pi auf der Oberfläche zur Verfügung stehen, muss die Kodi-Oberfläche neu gestartet werden. Das erledigen Sie am bequemsten über einen einfachen Neustart des Raspberry Pi per Ausschaltmenü der Kodi-Oberfläche.

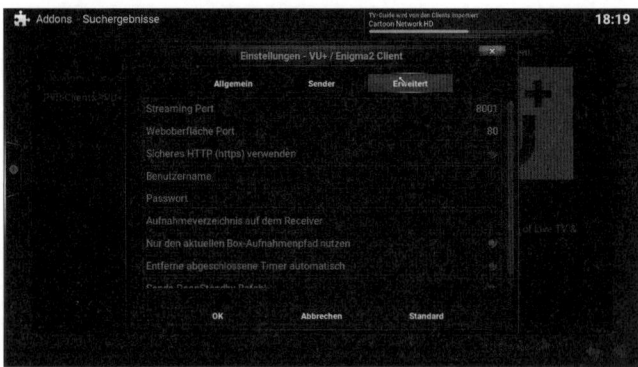

Optional: Wurde der Standardport auf der TV-Box geändert, muss er auf dem VU-Streaming-Client des Raspberry Pi ebenfalls angepasst werden.

6.3.4 Mehr Komfort: Fernbedienung mit Pi koppeln

Raspbian ist bekanntermaßen ein Linux-System, und damit ist es möglich, mit dem Einsatz von LIRC (*Linux Infrared Remote Control*) den kleinen Raspberry Pi bequem mithilfe einer Fernbedienung zu steuern. Dazu reichen ein kleiner Infrarotempfänger am USB-Anschluss (FLIRC-Empfänger) und eine gewöhnliche Fernbedienung aus – dabei ist es egal, ob Sie eine ausrangierte Fernbedienung vom Fernseher oder vom DVD-Player nehmen. Wichtig ist, dass sie neben den Pfeiltasten noch zwei weitere Tasten zur Verfügung stellt, die als Auswahl- und als Menütaste für die Kodi-Steuerung fungieren können.

Der FLIRC-Empfänger ist ein kleiner USB-Stick, der am Raspberry Pi die Signale einer herkömmlichen TV-/DVD-Fernbedienung entgegennimmt. Damit das mit

Kodi sauber funktioniert, muss dieser Empfänger vorab am Computer vorkonfiguriert werden – der Einrichtungsassistent ist beim Hersteller unter *https://flirc.tv/downloads* kostenfrei erhältlich.

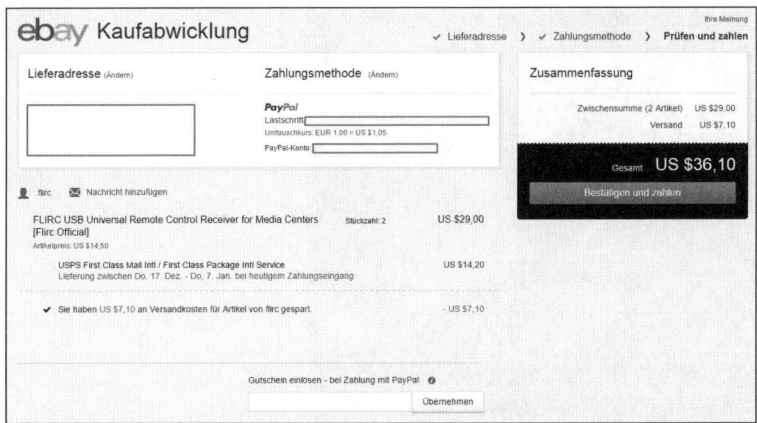

Etwas warten lohnt sich: Idealerweise bestellen Sie sich den FLIRC-Empfänger direkt in den Vereinigten Staaten und geben damit den hiesigen Wucherpreisen keine Chance.

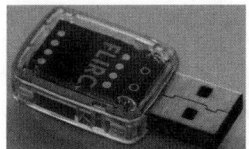

Tastatur- und Maussteuerung ade: Mit dem kleinen Empfänger lässt sich nahezu jede Fernbedienung am Raspberry Pi mit dem Kodi-Mediacenter verwenden.

Laden Sie die Software auf einen Windows-Computer herunter und installieren Sie sie, indem Sie dafür die Standard-Windows-Installation „durchklicken" – wichtig ist, dass Sie zunächst den Treiber/die Software installieren, bevor Sie den FLIRC-USB-Stick an der USB-Buchse des Computers einstöpseln. Ist die Software installiert, starten Sie sie. Lassen Sie sich vom Einrichtungsassistenten leiten. Nehmen Sie die gewünschte Fernbedienung mit zum Computer, um die Signale mit dem Empfänger zu verheiraten – dafür klicken Sie im ersten Schritt auf die *go!*-Schaltfläche. Grundsätzlich benötigen Sie für die FLIRC-Kodi-Steuerung lediglich sechs Tasten – die der Einrichtungsassistent grafisch darstellt.

Ist die Software gestartet, stecken Sie den FLIRC-Adapter in einen freien USB-Anschluss – nach wenigen Augenblicken steht er dem Betriebssystem und der geöffneten FLIRC-Anwendung zur Verfügung. Dies wird im unteren Fensterbereich über das grüne *CONNECTED*-Symbol dargestellt – nun können Sie mit der Programmierung der Tasten beginnen.

DISCONNECTED: In diesem Fall wurde der FLIRC-Adapter noch nicht in den USB-Anschluss des Computers gesteckt.

Schritt für Schritt drücken Sie die Pfeiltasten, die Enter-/Bestätigungstaste und die Back-/Exit-Taste, um die Signale der Fernbedienung auf den FLIRC-Adapter zu übertragen.

Nach wenigen Augenblicken sollte der Vorgang abgeschlossen sein.

Alternativ können Sie statt einer traditionellen Fernbedienung auch eine Funktastatur mit der Kodi-Lösung verwenden. Dafür wählen Sie zuvor über die Menüleiste bei *Controllers* die *Keyboard*-Ansicht aus und programmieren Schritt für Schritt die gewünschten Tasten.

Programmierung abge-
schlossen: Schließen Sie
das Einrichtungsprogramm
und ziehen Sie den USB-
Empfänger vom Compu-
ter ab – im nächsten Schritt
kann der Empfänger am
Raspberry Pi für das Kodi-
Mediacenter zum Einsatz
kommen.

6.3.5   LiveTV auf Pi-Kodi genießen

Ist das Streaming-Plug-in auf dem Raspberry Pi installiert und geladen und ist der
FLIRC-Adapter eingesteckt, ist die Steuerung über die Fernbedienung umgehend
aktiv. Mit den Pfeiltasten navigieren Sie durch das TV-Bouquet des TV-Recei-
vers – beachten Sie, dass dieser mindestens zwei oder mehr verbaute Tuner haben
muss, damit Sie ihn wie gewohnt weiter verwenden können und sich beide Lösungen nicht ins Gehege kommen. Schauen Sie beispielsweise im TV im ersten Programm Nachrichten und zeichnen parallel auf einem Sportkanal ein Fußballspiel
auf, ist für das komplette Streaming-Vergnügen ein weiterer Tuner nötig.

Die meisten TV-
Boxen mit verbau-
ter Festplatte sind
mit mindestens zwei
Tunern ausgestattet,
um den Kunden die
Möglichkeit zum Auf-
nehmen oder zeitver-
setztes TV zu bieten.

Derzeit sind TV-Boxen mit bis zu vier eingebauten Tunern verfügbar – wer sich
keine neue TV-Box kaufen möchte, kann diese Doppeltuner auch nachrüsten.

INDEX